小杉拓也——著

張維芬——譯

國中三年的數學1本搞定

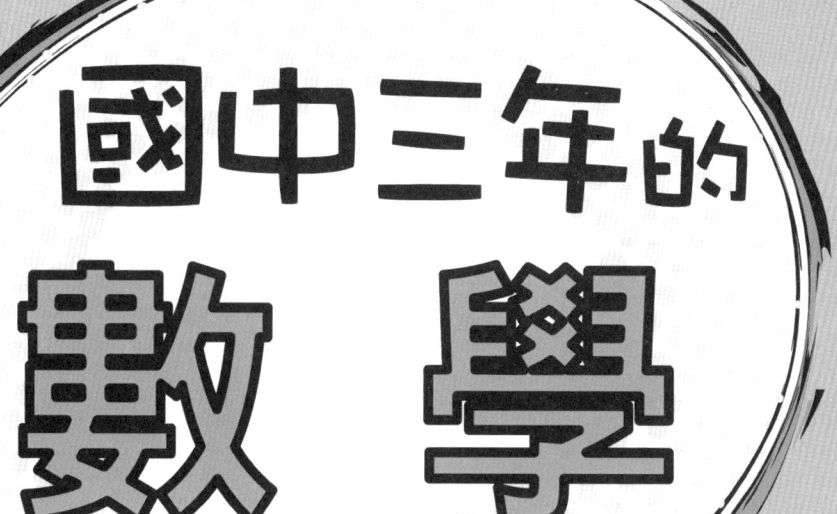

第三版

輕鬆駕馭所有基礎・數學成績瞬間提升

日本亞馬遜分類榜暢銷Top2

日本最高學府東大畢業、
幫助眾多學生考上理想志願的人氣講師
—— 小杉拓也 ——

五南圖書出版公司 印行

推薦序

　　大多數人總覺得「數學好難」,其實細細回頭思量,幾乎都是在國中三年沒能把握好學習的黃金時期,這實在是很可惜的事。

　　數學是科學之母,把數學學好,在學習其他科目時必定能更得心應手。

　　作者特別將國中三年的課程,用淺顯易懂的方式敘述,讓任何人都可以在家自己學會,逐步了解數學的奧妙。《國中三年的數學一本搞定》真的是一本不可多得的國中數學學習導引書。

張淞豪

作者序
《國中三年的數學一本搞定》的定本！

衷心感謝各位的協助，我才能夠完成這本書。

這本書是只需要一本就能理解國中三年數學的書。

非常榮幸《國小六年的數學一本搞定》的銷量已經超過十萬本，並且登上暢銷排行榜。

本書受到廣大家長、不擅長數學的讀者，以及中小學生的青睞與歡迎。

有些讀者感嘆的說：「**要是我早點看到這本書就好了**」、「**數學變得好簡單！**」

因此，我們決定繼續推出續集《國中三年的數學一本搞定》。

① **想要再次學習以及腦力激盪的成人。**
② **想要預習或複習的國中生與高中生，還有想要參加職校入學考試的考生。**
③ **家中有國中生，想教導他們如何複習及預習數學的家長們。**

這次我們特別針對上述對象，希望讓讀者從本質來了解國中所學的數學。只是反覆地練習教科書的內容，並不能理解數學本身真正的意義。因此，本書的特色即是具備了以下七大優勢。

第一	各單元中加註 ✓ 完美解題的關鍵 ！
第二	將各單元重點濃縮整理在「非常重要」中！
第三	在短時間內「徹底」理解國中三年的數學！
第四	精心打造的「學習順序」與「細膩的解說」。
第五	為了加深對名詞意義的理解，特別將「字義索引」收錄於書末附錄！
第六	比照國中教科書的範圍與程度！
第七	適用於國中一年級的學生到成人，各年齡層的學習者！

只要從一點點的「領悟」開始，就能漸漸發覺學習數學的樂趣。

希望各位都可以帶著愉快的心情來閱讀這本書。

《國中三年的數學一本搞定》的七大優勢

第一　各單元中加註 ⚡ 完美解題的關鍵 ！

　　國中數學裡有許多訣竅，比方說「只要知道這個關鍵，就能順利解題」、「稍微注意一下這個重點，就可以減少很多錯誤！」

　　然而，教科書裡完全不會說明這些關鍵。因此，本書根據作者十五年以上的教學經驗，將「**學校沒有教的訣竅**」、「**得高分的解題技巧**」、「**減少錯誤的方法**」等，只要知道就可以完美解題的關鍵，加註在所有的單元中。

第二　將各單元重點濃縮整理在「非常重要」中。

　　將各單元的重點都濃縮整理在每個單元一開頭的「**非常重要**」中。**掌握住重點後再進行學習，就能快速且正確地理解各單元的內容。**

第三　在短時間內「徹底」理解國中三年的數學！

　　所謂的「徹底」具有兩種涵義。

　　第一種是，就像「**用最短的時間**」來「**最深透地學習國中數學**」，將最重要的部分集結成冊。第二種涵義則是，並非採用特殊的解題方法，而是延續學校的教科書內容，**盡可能用最「正規」的方式**來編排本書。

　　在這兩種涵義下，成為無論是忙碌的學生或成人都能用最短的時間「徹底」學會數學的一本書。

第四　精心打造的「學習順序」與「細膩的解說」！

　　學習數學時，能夠**培養邏輯思考能力**。這是因為，數學就是像「因為 A 所以 B，因為 B 所以 C，因為 C 所以 D」一樣，必須要循序漸進地引導思考。

　　如同學習數學必須具備邏輯，本書的內容也一樣是「**只要依照順序從頭開始讀起，就能輕鬆地理解**」。另外，為了讓讀者能夠容易理解，本書精心安排了「**細膩的解說**」。即便是再簡單的算式，也不會省略中間的步驟，詳盡地解說。

第五 為了加深對名詞意義的理解，特別將「字義索引」收錄於書末附錄！

學習數學時，掌握**名詞意義**也是非常重要的一件事。因為，如果不清楚相關名詞的意思，就有可能因此犯下錯誤。

必須要徹底地了解，透過真正的意思理解國中三年數學中，**所出現的數學相關名詞以及其涵義**。

有鑒於此，我們將本書中出現過的名詞，盡可能標示出來，並**收錄在書末附錄的「字義索引」中**。讓讀者想到的時候，就能夠自行搜尋名詞，並且查閱其涵義，能夠培養「**使用語言解釋名詞的能力**」。

第六 比照國中教科書的範圍與程度！

本書中所編列的例題及練習問題，都是比照**國中教科書的範圍與程度**來進行篩選。

另外，2012年度日本發布的「新學習指導要領」中，將過去屬於高中數學範圍的「**二次方程式的解題公式**」以及「**球體的體積與表面積**」等單元，**加入到國中數學中**。本書也完整收錄新範圍的解說。

第七 適用於國中一年級的學生到成人，各年齡層的學習者！

本書在各單元中都**註明了適用年級（國中一年級、國中二年級、國中三年級）**。因此，國中生可以依照符合自己年級的內容，做重點式學習。

對於高中生到成人而言，可以選擇依序從頭開始閱讀，或是依照想要學習的範圍來閱讀，能夠配合各種用途來運用。因此本書可說是**適用於國中一年級的學生到成人，甚至是老年人等各年齡層的學習者**。

本書的使用方法

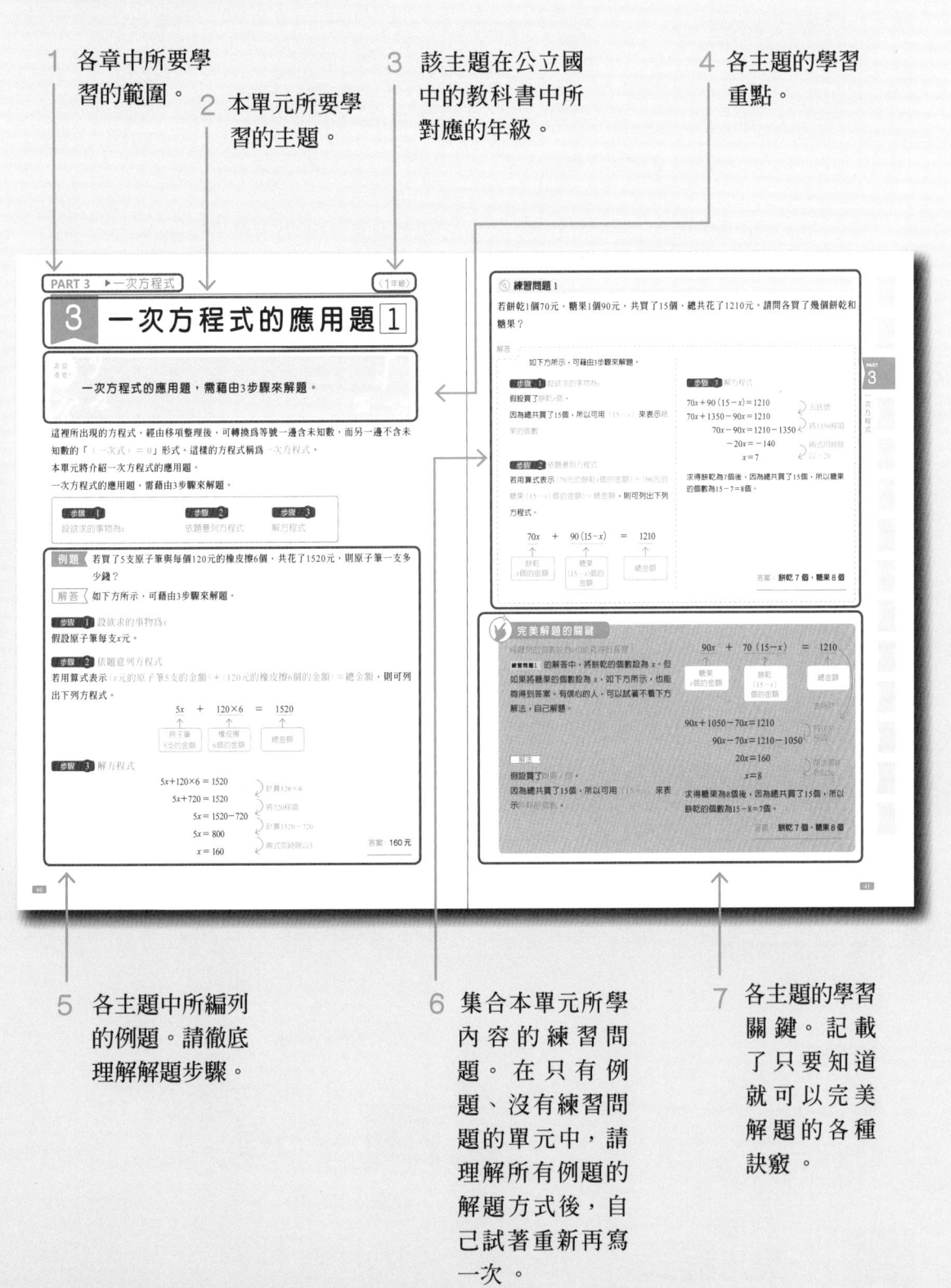

1 各章中所要學習的範圍。

2 本單元所要學習的主題。

3 該主題在公立國中的教科書中所對應的年級。

4 各主題的學習重點。

5 各主題中所編列的例題。請徹底理解解題步驟。

6 集合本單元所學內容的練習問題。在只有例題、沒有練習問題的單元中，請理解所有例題的解題方式後，自己試著重新再寫一次。

7 各主題的學習關鍵。記載了只要知道就可以完美解題的各種訣竅。

目錄

序 2
《國中三年的數學一本搞定》的七大優勢 3
本書的使用方法 5

PART 1 正數與負數
1 正數與負數 8
2 加法與減法 10
3 乘法與除法 12
4 只有乘法與除法的算式 14
5 什麼是乘方 16
6 四則混合運算 18

PART 2 代數式
1 代數式的表示方法 20
2 單項式、多項式、次數 22
3 多項式的加法與減法 24
4 單項式的乘法與除法 26
5 多項式的乘法與除法 28
6 什麼是代入 30
7 乘法公式 ① 32
8 乘法公式 ② 34

PART 3 一次方程式
1 什麼是方程式 36
2 運用移項法則的方程式解法 38
3 一次方程式的應用題 ① 40
4 一次方程式的應用題 ② 42

PART 4 正比與反比
1 什麼是坐標 44
2 正比與坐標圖 46
3 反比與坐標圖 48

PART 5 聯立方程式
1 聯立方程式的解法 ① 50
2 聯立方程式的解法 ② 52
3 聯立方程式的應用題 54

PART 6 一次函數
1 一次函數與圖形 56
2 求一次函數式的方法 58
3 交點坐標的求法 60

PART 7 平方根
1 什麼是平方根 62
2 不用√表示 64
3 平方根的乘法與除法 66

- 4 質因數分解 68
- 5 $a\sqrt{b}$ 的相關計算 70
- 6 分母有理化 72
- 7 平方根的加法與減法 74

PART 8 因式分解

- 1 什麼是因式分解 76
- 2 因式分解公式 ① 78
- 3 因式分解公式 ② 80

PART 9 二次方程式

- 1 利用平方根的概念來解二次方程式 82
- 2 運用因式分解來解二次方程式 84
- 3 藉由公式解來解二次方程式 86
- 4 二次方程式的應用題 88

PART 10 函數 $y = ax^2$

- 1 $y=ax^2$ 及其圖形 90
- 2 什麼是變化率 92

PART 11 機率

- 1 機率的定義 94
- 2 投擲兩粒骰子時的機率 96

PART 12 平面圖形之一：面積與角度

- 1 扇形的弧長與面積 98
- 2 對頂角、同位角、內錯角 100
- 3 多角形的內角與外角 102

PART 13 平面圖形之二：證明題與圖形性質

- 1 三角形的全等條件 104
- 2 證明三角形的全等 106
- 3 平行四邊形的性質與證明題 108
- 4 什麼是相似 110
- 5 三角形的相似條件 112
- 6 畢氏定理 114
- 7 圓周角定理 116

PART 14 立體圖形

- 1 柱體的表面積 118
- 2 錐體及球體的體積與表面積 ① 120
- 3 錐體及球體的體積與表面積 ② 122

字義索引 124

PART 1 ▶ 正數與負數 〈1年級〉

1 正數與負數

> **非常重要!**
> 比0大的數稱為正數
> 比0小的數稱為負數

1 什麼是正數與負數

例如：比0大7的數用＋7來表示。

「＋」讀作「正」，用來表示「正」的特性，稱為性質符號。

像＋7一樣，比0大的數就稱為正數。

相對而言，例如：比0小3的數以－3來表示。

「－」讀作「負」，用來表示「負」的特性，稱為性質符號。

像－3一樣，**比0小的數**就稱為負數。

正數與負數簡稱正負數。

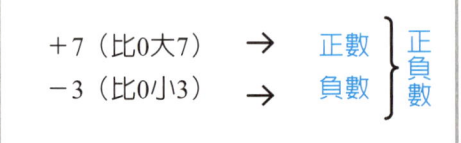

| ＋7（比0大7） | → | 正數 | 正負數 |
| －3（比0小3） | → | 負數 | |

整數包括**正整數**、**0**與**負整數**。**正整數**又稱為自然數。

請注意0不是自然數。

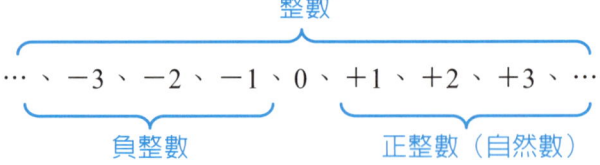

　　　　整數
…、－3、－2、－1、0、＋1、＋2、＋3、…
　　負整數　　　　　正整數（自然數）

2 數的大小

在數線上標出**正數**、**0**、**負數**，每一個點都對應到一個數的直線稱為數線。數線上越右邊的數越大，越左邊的數越小。

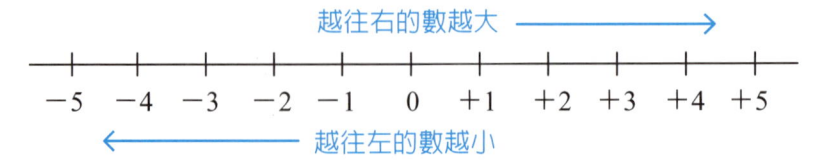

越往右的數越大 →
－5　－4　－3　－2　－1　0　＋1　＋2　＋3　＋4　＋5
← 越往左的數越小

數的大小可以用不等號來表示。

不等號就是**表示兩數大小的數學符號**（「＜」及「＞」）。

兩數大小的表示方式（開口那一方朝向大的數字）如下：

不等號的表示方式	
大數 > 小數	（例）＋4 ＞ －3
小數 < 大數	（例）＋3 ＜ ＋4

3 什麼是絕對值

從0到數線上一點的距離，稱為這個數的 絕對值。

例如：＋5的絕對值為5，－4的絕對值為4。

從0到－4的距離為4　　　　　從0到＋5的距離為5
↓　　　　　　　　　　　↓
－4的絕對值為4　　　　　　＋5的絕對值為5

```
─┼──┼──┼──┼──┼──┼──┼──┼──┼──┼──┼─
－5  －4  －3  －2  －1   0  ＋1  ＋2  ＋3  ＋4  ＋5
```

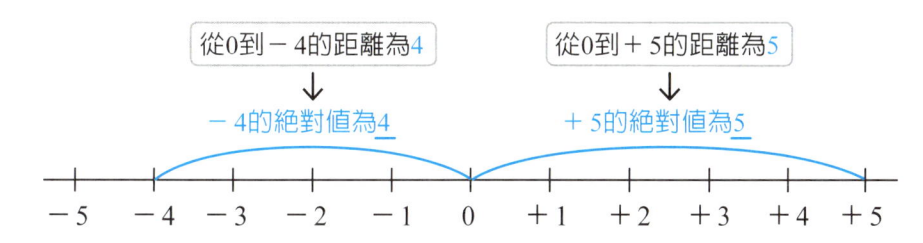

完美解題的關鍵

把「＋」、「－」拿掉就是絕對值！
「從正負數中將符號（＋或－）拿掉後所得到的數」，就能作為這個數的絕對值。

＋5的絕對值為 5　　　－4的絕對值為 4
拿掉＋　　　　　　　拿掉－

練習問題

根據右方數線回答下列問題。

(1) 請問A點和B點各表示什麼數？
(2) 請問－2的絕對值為多少？
(3) 請用不等號表示－3與－1的大小關係。

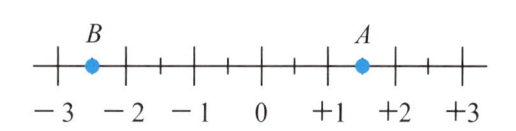

```
      B                    A
──●──┼──┼──┼──┼──●──┼──
  －3  －2  －1   0  ＋1  ＋2  ＋3
```

解答

(1) A 點位在 0 右方 1.5 個單位處，所以 A 點所對應的數為 ＋1.5。
B 點位在 0 左方 2.5 個單位處，所以 B 點所對應的數為 －2.5。

答案：A 為 ＋1.5，B 為 －2.5

(2) 從 0 到－2 的距離為 2，所以－2 的絕對值為 2。
※ 從－2 中將符號（－）拿掉後，也可以得到 2。

答案：2

(3) 數線上，－3 的位置在－1 左邊。
因此可以得知－3 比－1 小，所以用－3 ＜ －1 來表示。

答案：－3 ＜ －1

PART 1 ▶ 正數與負數 〈1年級〉

2 加法與減法

非常重要！ 請掌握下列三種計算方式！
①同號數相加　②異號數相加　③正負數的減法

1 同號數相加

加法的運算結果稱為「和」。
當正數＋正數、負數＋負數，符號相同的兩數相加時，則計算出兩數絕對值的和，並在前面寫上相同的符號。（符號為＋、－記號）

正數＋正數

[例]　　$(+8)+(+7)=$
解法　$(+8)+(+7)=+(8+7)=+15$
　　　　　相同的符號　　加

負數＋負數

[例]　　$(-3)+(-9)=$
解法　$(-3)+(-9)=-(3+9)=-12$
　　　　　相同的符號　　加

2 異號數相加

當正數＋負數、負數＋正數，符號相異的兩數相加時，則用較大的絕對值減去較小的絕對值，並在前面寫上絕對值較大者的符號。

正數＋負數

[例]　　$(+2)+(-5)=$
解法　$(+2)+(-5)=-(5-2)=-3$
　　　　絕對值較大者的符號　　減

負數＋正數

[例]　　$(-9)+(+4)=$
解法　$(-9)+(+4)=-(9-4)=-5$
　　　　絕對值較大者的符號　　減

練習問題 1

請計算下列問題。

(1) $(+6)+(+5)=$　　**(2)** $(-12)+(-9)=$　　**(3)** $(+7)+(-4)=$　　**(4)** $(-3)+(+14)=$

解答
(1) $(+6)+(+5) = +(6+5) = +11$ 　　相同的符號　加

(2) $(-12)+(-9) = -(12+9) = -21$ 　　相同的符號　加

(3) $(+7)+(-4) = +(7-4) = +3$ 　　絕對值較大者的符號　減

(4) $(-3)+(+14) = +(14-3) = +11$ 　　絕對值較大者的符號　減

3 正負數的減法

減法的運算結果稱為「**差**」。

當**正負數相減時**，則**改變減數的性質符號**（變為相反數），並**將減法改為加法計算**。

[例]　　$(+3)-(+7) =$

解法　　$(+3) - (+7)$
　　　　　改為加法 ↓　↓ 改變性質符號
　　　= $(+3) + (-7) = -(7-3)$
　　　= -4

[例]　　$(-9)-(+1) =$

解法　　$(-9) - (+1)$
　　　　　改為加法 ↓　↓ 改變性質符號
　　　= $(-9) + (-1) = -(9+1)$
　　　= -10

練習問題 2

請計算下列問題。

(1) $(+8)-(+5) =$　　(2) $(-11)-(-18) =$　　(3) $(+16)-(-1) =$　　(4) $(-5)-(+3) =$

解答

(1) 　$(+8) - (+5)$
　　　改為加法 ↓　↓ 改變性質符號
　　= $(+8) + (-5) = +(8-5) = +3$

(2) 　$(-11) - (-18)$
　　　改為加法 ↓　↓ 改變性質符號
　　= $(-11) + (+18) = +(18-11) = +7$

(3) 　$(+16) - (-1)$
　　　改為加法 ↓　↓ 改變性質符號
　　= $(+16) + (+1) = +(16+1) = +17$

(4) 　$(-5) - (+3)$
　　　改為加法 ↓　↓ 改變性質符號
　　= $(-5) + (-3) = -(5+3) = -8$

完美解題的關鍵

「$-7-3$」的兩種解法

這個主題中，算式裡所有的數字都加了括號。但是也有許多算式是不加括號的。如下：

[例] $-7-3 =$

這個算式有兩種解法。

解法1

3又等於「$+3$」。因此思考如何「從-7中減去$+3$」。如此一來，就能想到下列計算方式。

$-7-3 = (-7) - (+3)$ ← 從-7中減去$+3$

3又等於「$+3$」

　　　= $(-7) + (-3) = -(7+3) = -10$

解法2

將「$-7-3$」分為-7與-3。接下來，思考如何「**求出-7與-3的總和**」。如此一來，就能想到下列計算方式。

$-7-3 = (-7) + (-3)$ ← 分開加-7與-3

　　　= $-(7+3) = -10$

兩種解法都記下來吧！

PART 1 ▶ 正數與負數　　　　　　　　　　　　　　　　　　〈1年級〉

3 乘法與除法

非常重要！
同號的兩數相乘或相除 → 結果為正（＋）
異號的兩數相乘或相除 → 結果為負（－）

1 正負數的乘法

乘法的運算結果稱為「積」。

正負數的乘法計算方式如下：

| 同號相乘（正×正、負×負） | → | 絕對值的積前面寫上「＋」號 |
| 異號相乘（正×負、負×正） | → | 絕對值的積前面寫上「－」號 |

例題1 請計算下列問題。

(1) $(+4) \times (+3) =$　　(2) $(-5) \times (-7) =$　　(3) $(+9) \times (-2) =$

解答

例題(1)、(2)為同號相乘，所以在絕對值的積前面寫上「＋」號。

例題(3)為異號相乘，所以在絕對值的積前面寫上「－」號。

(1) $(+4) \times (+3) = +(4 \times 3) = +12 = \mathbf{12}$

(2) $(-5) \times (-7) = +(5 \times 7) = +35 = \mathbf{35}$

(3) $(+9) \times (-2) = -(9 \times 2) = \mathbf{-18}$

完美解題的關鍵

加括號與不加括號時

例題1 (1) 中，+4與4相同、+3與3相同，所以可以變換為下列算式。

$$(+4) \times (+3) = 4 \times 3 = 12$$

+3與3相同
+4與4相同

例題1 (2) 中，算式的開頭為負數時，可以省略 (-5) 的括號，但如果是例題(2)中 (-7) 的括號則不能省略。因為按照運算規則不能連續寫下像「×－」這樣的兩個記號。

括號不能省略（因為省略後會成為「×－」）

$$(-5) \times (-7) = -5 \times (-7) = 35$$

括號可以省略

2 正負數的除法

除法的運算結果稱為「商」。正負數的除法計算方式如下：

> 同號相除（正÷正、負÷負）→ **絕對值的商**前面寫上「＋」號
> 異號相除（正÷負、負÷正）→ **絕對值的商**前面寫上「－」號

例題2 請計算下列問題。

(1) $(+16) \div (+2) =$　　(2) $(-56) \div (-8) =$　　(3) $(+24) \div (-12) =$　　(4) $(-33) \div (+3) =$

解答

(1) $(+16) \div (+2) = +(16 \div 2) = +8 = \mathbf{8}$
　　正　　正　　　寫上＋　　＋號可以省略
　　同號

(2) $(-56) \div (-8) = +(56 \div 8) = +7 = \mathbf{7}$
　　負　　負　　　寫上＋　　＋號可以省略
　　同號

(3) $(+24) \div (-12) = -(24 \div 12) = \mathbf{-2}$
　　正　　負　　　寫上－
　　異號

(4) $(-33) \div (+3) = -(33 \div 3) = \mathbf{-11}$
　　負　　正　　　寫上－
　　異號

3 正負數的乘法與除法（小數與分數）

小數與分數的計算方式和整數相同。

練習問題

請計算下列問題。

(1) $(-2.8) \times (+0.7) =$

(2) $\left(-\dfrac{15}{7}\right) \times \left(-\dfrac{28}{9}\right) =$

(3) $(-0.57) \div (-1.9) =$

(4) $\left(+\dfrac{5}{12}\right) \div (-2.5) =$

解答

(1) $(-2.8) \times (+0.7) = -(2.8 \times 0.7) = \mathbf{-1.96}$
　　負　　正　　　寫上－
　　異號

(2) $\left(-\dfrac{15}{7}\right) \times \left(-\dfrac{28}{9}\right) = +\left(\dfrac{\overset{5}{\cancel{15}}}{\underset{1}{\cancel{7}}} \times \dfrac{\overset{4}{\cancel{28}}}{\underset{3}{\cancel{9}}}\right) = +\dfrac{20}{3} = \dfrac{20}{3}$
　　負　　　　負　　　寫上＋
　　同號

(3) $(-0.57) \div (-1.9) = +(0.57 \div 1.9) = +0.3 = \mathbf{0.3}$
　　負　　負　　　寫上＋
　　同號

※國中數學裡不使用帶分數，所以使用假分數作答即可。

(4) $\left(+\dfrac{5}{12}\right) \div (-2.5) = -\left(\dfrac{5}{12} \div \dfrac{25}{10}\right) = -\left(\dfrac{\overset{1}{\cancel{5}}}{\underset{6}{\cancel{12}}} \times \dfrac{\overset{1}{\cancel{2}}}{\underset{5}{\cancel{5}}}\right) = -\dfrac{1}{6}$
　　正　　負　　　寫上－
　　異號

※算式中同時出現小數與分數時，先將小數化成分數後再計算。

PART 1 ▶ 正數與負數　〈1年級〉

4 只有乘法與除法的算式

非常重要！ 只有乘法與除法的算式中，其基本規則如下：

負數 { 偶數個（2、4、6……）負數連乘除結果為正（＋）
　　　 奇數個（1、3、5……）負數連乘除結果為負（－）

例題　請計算下列問題。

(1) $-2 \times 6 \times (-5) =$

(2) $-32 \div (-4) \div (-8) =$

(3) $5.8 \times (-0.8) \div (-2) =$

(4) $-\dfrac{19}{6} \div 3.8 \times \left(-\dfrac{8}{9}\right) \div (-10) =$

解答

(1) $-2 \times 6 \times (-5) = +(2 \times 6 \times 5) = \mathbf{60}$

　　負數有2個（偶數個）　結果為＋

(2) $-32 \div (-4) \div (-8) = -(32 \div 4 \div 8) = \mathbf{-1}$

　　負數有3個（奇數個）　結果為－

(3) $5.8 \times (-0.8) \div (-2) = +(5.8 \times 0.8 \div 2) = \mathbf{2.32}$

　　負數有2個（偶數個）　結果為＋

(4) $-\dfrac{19}{6} \div 3.8 \times \left(-\dfrac{8}{9}\right) \div (-10) = -\left(\dfrac{19}{6} \div \dfrac{38}{10} \times \dfrac{8}{9} \div \dfrac{10}{1}\right)$

　　負數有3個（奇數個）　結果為－

$$= -\left(\dfrac{19}{6} \times \dfrac{5}{19} \times \dfrac{8}{9} \times \dfrac{1}{10}\right) = \mathbf{-\dfrac{2}{27}}$$

練習問題

請計算下列問題。

(1) $10 \times (-4) \times (-3) =$

(2) $-1.4 \times 5 \div 0.28 =$

(3) $-62 \times \left(-\dfrac{12}{35}\right) \div \left(-\dfrac{24}{49}\right) \div (-9.3) =$

(4) $-5 \times 0 \div \dfrac{2}{3} \times (-8.1) =$

解答

(1) $10 \times (-4) \times (-3) = +(10 \times 4 \times 3) = 120$

負數有2個（偶數個） → 結果為 +

(2) $-1.4 \times 5 \div 0.28 = -(1.4 \times 5 \div 0.28) = -25$

負數有1個（奇數個） → 結果為 −

(3) $-62 \times \left(-\dfrac{12}{35}\right) \div \left(-\dfrac{24}{49}\right) \div (-9.3) = +\left(\dfrac{62}{1} \times \dfrac{12}{35} \div \dfrac{24}{49} \div \dfrac{93}{10}\right)$

負數有4個（偶數個） → 結果為 +

$= +\left(\dfrac{\overset{1}{62}}{1} \times \dfrac{\overset{1}{12}}{35} \times \dfrac{\overset{7}{49}}{24} \times \dfrac{\overset{2}{10}}{93}\right)$

$= \dfrac{14}{3}$

(4) $-5 \times 0 \div \dfrac{2}{3} \times (-8.1) = 0$

算式中有「×0」，所以結果為0

完美解題的關鍵

乘法與除法的算式中有0

練習問題（4）中，算式中有「×0」，所以結果為0。

這是由於任何數乘以0，或是0乘以任何數結果都是0的原因。

[例] $0 \times (-5) = 0 \quad -2 \times 0 = 0$

另外，0除以任何數，結果為0。但0不能當除數。

[例] $0 \div (-3) = 0$
$-7 \div 0$ → 無法計算

想了解更多的數學專欄

為什麼0不能當除數？

「任何數都不能除以0」到底是什麼原因呢？

首先，試著來看看「0以外的任何數除以0的情況」。

例如：「$-7 \div 0$」，當假設「$-7 \div 0$」的答案為□時，可以寫成「$-7 \div 0 = □$」。接下來按照除法和乘法互為逆運算的原則，我們將算式改為「$0 \times □ = -7$」。按照定義，「0乘以任何數都是0」，所以可以滿足□的數字並不存在。

那若是0除以0的情況又如何呢？我們再將「$0 \div 0 = □$」的算式改為「$0 \times □ = 0$」來看看。這時候變成任何數都能滿足□，答案不只一個。

看完0與0以外的數，個別除以0的情況後，我們可以從上述原因得知「任何數都不能除以0」。

PART 1 ▶ 正數與負數 〈1年級〉

5 什麼是乘方

> **非常重要！** 判別 $(-3)^2$、$(-3)^2$ 與 $-(-3)^2$ 的不同！

1 什麼是乘方

同一個數連乘若干次，所得到的積稱為此數的乘方。

例如：

7×7 可以簡記成 7^2，讀作「7的2次方」。

$5\times 5\times 5$ 可以簡記成 5^3，讀作「5的3次方」。

2次方 又可以稱為平方。　[例] $7^2\to$ 7的平方

3次方 又可以稱為立方。　[例] $5^3\to$ 5的立方

5^3 中右上角的小寫數字3稱為指數，是用來表示 **連乘的次數**。

$$5\times 5\times 5 = 5^3 \quad \leftarrow 指數$$
$$\underbrace{}_{3個5相乘}$$

例題1 請用乘方記法表示下列各式的值。

(1) $8\times 8\times 8\times 8\times 8 =$　(2) $(-2)\times(-2)\times(-2) =$　(3) $9.5\times 9.5 =$　(4) $\dfrac{4}{5}\times\dfrac{4}{5}\times\dfrac{4}{5} =$

解答

(1) $8\times 8\times 8\times 8\times 8 = \underline{8^5}$　　(2) $(-2)\times(-2)\times(-2) = \underline{(-2)^3}$

(3) $9.5\times 9.5 = \underline{9.5^2}$　　(4) $\dfrac{4}{5}\times\dfrac{4}{5}\times\dfrac{4}{5} = \underline{\left(\dfrac{4}{5}\right)^3}$

完美解題的關鍵

要注意底數為負數和分數時，乘方的表示方法！

例題1 的（2）當中，指數要記在括號的外面，-2^3 是錯誤的記法。

因為 -2^3 是表示3個2連乘後，再加上負號的意思。

而像 $(-2)^3$ 一樣加上括號的話，才是3個 -2 連乘的意思。

$$-2^3 = -(2\times 2\times 2) \quad \leftarrow \text{3個2連乘}$$

$$(-2)^3 = (-2)\times(-2)\times(-2) \quad \leftarrow \text{3個}-2\text{連乘}$$

例題1 的（4）當中，指數一樣要記在括號的外面，$\dfrac{4^3}{5}$ 是錯誤的記法。

因為 $\dfrac{4^3}{5}$ 是表示分子4連乘3次的意思。

而像 $\left(\dfrac{4}{5}\right)^3$ 一樣加上括號的話，才是 $\dfrac{4}{5}$ 連乘3次的意思。

$$\dfrac{4^3}{5} = \dfrac{4\times 4\times 4}{5} \quad \leftarrow \text{分子4連乘3次}$$

$$\left(\dfrac{4}{5}\right)^3 = \dfrac{4}{5}\times\dfrac{4}{5}\times\dfrac{4}{5} \quad \leftarrow \dfrac{4}{5}\text{連乘3次}$$

如此一來，在書寫負數和分數的乘方時，要注意加括號與不加括號，所要表達的意思並不相同。

2 乘方的計算

例題2 請計算下列問題。

（1）$-3^2 =$
（2）$(-3)^2 =$
（3）$-(-3)^2 =$

解答

（1）$-3^2 = -(3\times 3) = -9$ 　　　　-3^2 是表示2個3連乘的意思。

（2）$(-3)^2 = (-3)\times(-3) = 9$ 　　　$(-3)^2$ 是表示2個 -3 連乘的意思。

（3）$-(-3)^2 = -[(-3)\times(-3)] = -9$

練習問題

請計算下列問題。

（1）$-2^3 \times (-5) =$
（2）$(-6)^2 \times (-1^2) =$
（3）$9^2 \div (-3^3) =$

解答

※ **包含乘方在內的乘法與除法**，要先計算乘方，再計算乘除。

（1） $-2^3 \times (-5)$ 　　先計算乘方
　　$\quad\;\downarrow 2\times 2\times 2$
　　$= -8 \times (-5)$
　　$= 40$ 　　負×負＝正

（2） $(-6)^2 \times (-1^2)$ 　先計算乘方
　　$\;\;\downarrow (-6)\times(-6) \;\downarrow 1\times 1$
　　$= 36 \times (-1)$
　　$= -36$ 　　正×負＝負

（3） $9^2 \div (-3^3)$ 　　先計算乘方
　　$\;\;\downarrow 9\times 9 \;\;\downarrow 3\times 3\times 3$
　　$= 81 \div (-27)$
　　$= -3$ 　　正÷負＝負

PART 1 ▶ 正數與負數 〈1年級〉

6 四則混合運算

> **非常重要！**
> 請依照下列順序計算！
> 「乘方→括號→乘、除→加、減」

加法、減法、乘法、除法合稱為**四則運算**。
當加減乘除同時出現在一個算式中，請依照「非常重要！」內的順序作計算。

例題 請計算下列問題。

(1) $-8+4\times(-3)=$

(2) $12\div(-6+9)=$

(3) $5+(24-3^3)\times6=$

解答

(1) $\quad -8+4\times(-3)$
$\quad = -8+(-12)$ ← 先算乘法
$\quad = -20$ ← 加法

(2) $\quad 12\div(-6+9)$
$\quad = 12 \div 3$ ← 先算括號
$\quad = 4$ ← 除法

(3) $\quad 5+(24-3^3)\times6$
$\quad = 5+(24-27)\times6$ ← 乘方 $3^3=3\times3\times3=27$
$\quad = 5+(-3)\times6$ ← 括號 $24-27=-3$
$\quad = 5+(-18)$ ← 乘法 $(-3)\times6=-18$
$\quad = -13$ ← 加法

完美解題的關鍵

要注意計算的順序！

四則混合運算時，如果依照由左至右的計算順序，有可能會發生錯誤。

例如：如果將 **例題**（1）的計算順序改為由左至右，就會得到下列錯誤的答案。

$-8+4\times(-3)$
$=-4\times(-3)=12$ ← 一旦由左至右就會計算錯誤！

所以，四則混合運算時，請依照「乘方→括號→乘、除→加、減」的順序計算。

練習問題

請計算下列問題。

(1) $-6 \times 5 - 30 \div (-10) =$

(2) $(-11+15) \times (5-7) =$

(3) $-50 \div [-35 \div (11-18)] =$

(4) $-2^5 - 1.5 \times (-4^2 + 6) =$

解答

(1) $= -6 \times 5 - 30 \div (-10)$ （先計算乘、除）
$= -30 - (-3)$
$= -30 + 3$ （加法）
$= -27$

(2) $(-11+15) \times (5-7)$ （先計算括號）
$= 4 \times (-2)$ （乘法）
$= -8$

(3) 若算式中包含中括號 [ ]，請先計算小括號 ( ) 內的算式，再計算中括號 [ ] 內的算式。

$= -50 \div [-35 \div (11-18)]$
$= -50 \div [-35 \div (-7)]$ （先計算小括號 ( )）
$= -50 \div 5$ （計算中括號 [ ]）
$= -10$ （除法）

(4) $-2^5 - 1.5 \times (-4^2 + 6)$ （$2 \times 2 \times 2 \times 2 \times 2$，$4 \times 4$，計算乘方）
$= -32 - 1.5 \times (-16 + 6)$ （計算括號）
$= -32 - 1.5 \times (-10)$ （乘法）
$= -32 + 15$ （加法）
$= -17$

PART 2 ▶ 代數式 〈1年級〉

1 代數式的表示方法

非常重要！ 必須了解代數式的乘法與除法表示規則！

1 代數式乘法的表示方法

有文字符號的數學表達式稱為**代數式**。

使用代數式表示乘法的結果時，包含下列五項規則：

[規則1]
帶有文字符號的乘法中，文字符號間的乘號「×」可以省略

$$x \times y = xy$$ 「×」可以省略

[規則2]
相乘的結果中帶有文字符號時，大多依照字母排序來書寫

$$c \times b \times a = abc$$
依照字母排序

[規則3]
數字與文字符號相乘時，書寫順序為「數字+文字符號」

$$a \times 8 = 8a$$
順序為「數字+文字符號」（不可寫成 $a8$）

[規則4]
同樣的文字符號相乘的結果，可用指數形式來表示

$$a \times a \times 3 = 3a^2$$
2個 a 相乘

3個 y 相乘
$$x \times x \times y \times y \times y = x^2 y^3$$
2個 x 相乘

[規則5]
1與文字符號相乘時，將1省略
−1與文字符號相乘時，只留下「−」號，將1省略

$$1 \times a = a$$ 省略1（不可寫成 $1a$）
$$-1 \times x = -x$$ 省略1（不可寫成 $-1x$）

🕊 完美解題的關鍵

0.1與0.01中的1不能省略！

[規則5]當中已確認「1與文字符號相乘時，將1省略。−1與文字符號相乘時，只留下『−』號，將1省略。」

但要注意0.1與0.01中的1則不能省略！

$$0.1 \times a = 0.1a$$
0.1的1不能省略（不可以寫成 $0.a$）

$$0.01 \times y = 0.01y$$
0.01的1不能省略（不可以寫成 $0.0y$）

例題1 請用代數式表示方法書寫下列各式。

(1) $c \times a \times 2 \times b =$
(2) $1 \times y \times x =$
(3) $b \times 0.1 \times b =$
(4) $x \times y \times x \times (-1) =$
(5) $-0.01 \times b \times a \times a \times b =$

解答

(1) $c \times a \times 2 \times b = \mathbf{2abc}$
　　↑
　　「數字+文字符號」（依照字母排序）

(2) $1 \times y \times x = \mathbf{xy}$
　　↑
　　省略1（不可以寫成1xy）

(3) $b \times 0.1 \times b = \mathbf{0.1b^2}$
　　↑
　　0.1的1不能省略（不可以寫成0.b²）

(4) $x \times y \times x \times (-1) = \mathbf{-x^2 y}$
　　↑
　　省略1（不可以寫成－1x²y）

(5) $-0.01 \times b \times a \times a \times b = \mathbf{-0.01a^2 b^2}$
　　↑
　　0.01的1不能省略（不可以寫成－0.0a² b²）

2 代數式除法的表示方法

使用代數式表示除法的結果時，不要使用「÷」號，請改用分數形式書寫。利用右方公式來表示。

$$\square \div \bigcirc = \frac{\square}{\bigcirc}$$

例題2 請用代數式表示方法書寫下列各式。

(1) $a \div 5 =$
(2) $4x \div 7 =$
(3) $-5b \div 2 =$
(4) $3y \div (-4) =$

解答

(1) $a \div 5 = \dfrac{a}{5}$ ← 運用 $\square \div \bigcirc = \dfrac{\square}{\bigcirc}$

(2) $4x \div 7 = \dfrac{4x}{7}$（也可以寫作 $\dfrac{4}{7}x$）

(3) $-5b \div 2 = \dfrac{-5b}{2} = -\dfrac{5b}{2}$（也可以寫作 $-\dfrac{5}{2}b$）
　　把「－」號提到分數前面

(4) $3y \div (-4) = \dfrac{3y}{-4} = -\dfrac{3y}{4}$（也可以寫作 $-\dfrac{3}{4}y$）
　　把「－」號提到分數前面

※當遇到像例題(3)、(4)中 $\dfrac{-\square}{\bigcirc}$ 與 $\dfrac{\square}{-\bigcirc}$ 的分數形式時，請把「－」號提到分數前面，以 $-\dfrac{\square}{\bigcirc}$ 的形式作答。

理解了 例題 的解題方式後，請遮住答案，自己試著重新再寫一次。

PART 2 ▶代數式 〈1年級、2年級〉

2 單項式、多項式、次數

非常重要！ 必須掌握「單項式的次數」與「多項式的次數」的不同意義！

1 單項式與多項式

像$3a$、$-5x^2$一樣，**由數字與文字符號相乘而得**的式，稱為單項式。
單獨一個數字或一個文字符號，例如y與-2等也是單項式。
像是$3a$的3、$-5x^2$的-5，各項**文字符號前的數字部分**稱為係數。

另外像$3a+4b+8$一樣，**由單項式的和組成的式子**，稱為多項式。
多項式中，由「＋」號所連結的每個單項式，稱為多項式的項。

單項式的例子→ $3a$、$-5x^2$、y、-2
　　　　　　　　↑　　　↑
　　　　　　　3為係數　-5為係數

多項式的例子→ $3a+4b+8$
　　　　　　　　↑　↑　↑
　　　　　　　　項　項　項

例題1 請寫出下列多項式中的項與係數。

(1) $3x+5$　　(2) $-2a-b+1$　　(3) x^2y+5y

解答

(1) $3x+5$
　　↑　↑
　　項　項
$3x$ 與 5 為項，
答案：x的係數為3

(3) x^2y+5y
　　↑　↑
　　項　項
x^2y 與 $5y$ 為項，x^2y的係數為1，y的係
答案：數為5

(2) $-2a-b+1 = \underline{-2a}+\underline{(-b)}+\underline{1}$
　　　　　　　　　↑　　　↑　　　↑
　　　　　　　　　項　　　項　　　項

（想成是由單項式的和組成的形式）

答案：$-2a$、$-b$ 與 1 為項，a的係數為-2，b的係數為-1

22

2 單項式的次數

單項式中，**相乘的文字符號個數**，稱為此單項式的次數。

例如：**單項式** $3ab$ 為 a 與 b 的2個文字符號相乘，所以次數為2。

還有，**單項式** $5x^2y$ 為2個 x 與1個 y，共3個文字符號相乘，所以次數為3。

$$3ab = 3 \times a \times b$$
2個文字符號→次數為2

$$5x^2y = 5 \times x \times x \times y$$
3個文字符號→次數為3

3 多項式的次數

多項式中，**所有項的次數裡最高的次數**，稱為此多項式的次數。

最高次數為1的稱為1次多項式，**最高次數為2**的稱為2次多項式，**最高次數為3**的稱為3次多項式，以此類推。

例如：試著確認看看多項式 $x^2 - 5x + 6y$ 為幾次式？這個多項式中，所有項的次數裡最高的次數為 x^2 的2次。所以可以知道多項式 $x^2 - 5x + 6y$ 為2次式。

$$x^2 - 5x + 6y = x^2 + (-5x) + 6y$$
次數2　次數1　次數1
最高的次數為2→2次式

例題2 請回答下列多項式為幾次式。

(1) $-2a + b$　　(2) $x^2y + 3xy^2 - 7y^2$　　(3) $a^3b^2 - b^4$

解答

(1) $-2a + b$
次數1　次數1
2個項的次數都為1，所以為1次式
答案：1次式

(2) $x^2y + 3xy^2 - 7y^2 = x^2y + 3xy^2 + (-7y^2)$
次數3　次數3　次數2
最高次數為3→3次式
答案：3次式

(3) $a^3b^2 - b^4 = a^3b^2 + (-b^4)$
次數5　次數4
最高次數為5→5次式
答案：5次式

完美解題的關鍵

何謂「單項式的次數」與「多項式的次數」的不同意義？

單項式中，相乘的文字符號個數，稱為此單項式的次數。

多項式中，所有項的次數裡最高的次數，稱為此多項式的次數。請掌握兩者的差別。

單項式的例子→ $2xy^2 = 2 \times x \times y \times y$
3個文字符號→次數為3

多項式的例子→ $3x^2 + 2y + 1$
次數2　次數1
最高次數為2→2次式

PART 2 ▶ 代數式 〈1年級、2年級〉

3 多項式的加法與減法

非常重要! 必須注意多項式的減法在不加括號時很容易計算錯誤!

1 同類項合併

多項式中,文字符號與指數部分都相同的項,稱為同類項。例如:$3x$與$4x$,文字符號x的部分相同,所以為同類項。

可以運用下列公式,把多項式中的同類項合併成1項。

同類項合併公式

$\bigcirc x + \square x = (\bigcirc + \square)x$　　　　　　$\bigcirc x - \square x = (\bigcirc - \square)x$

[例] $3x + 4x = (3+4)x = \underline{7x}$　　　[例] $2x - 5x = (2-5)x = \underline{-3x}$

練習問題 1

請計算下列問題。

(1) $6x + 5x =$　　　　　　　　　(2) $-2a - a =$

(3) $8a - b + 15a + 2b =$　　　　(4) $-x^2 - 9 - 4x - 7x^2 + 10x - 7 =$

解答

(1) $6x + 5x$
$= (6+5)x$　→ 運用 $\bigcirc x + \square x = (\bigcirc + \square)x$
$= \underline{11x}$

(2) $-2a - a$
$= (-2-1)a$　運用 $\bigcirc x - \square x = (\bigcirc - \square)x$($-a$的係數為$-1$)
$= \underline{-3a}$

(3) $8a - b + 15a + 2b$
$= 8a + 15a - b + 2b$　將a的同類項與b的同類項分開
$= (8+15)a + (-1+2)b$　合併同類項
$= \underline{23a + b}$

(4) $-x^2 - 9 - 4x - 7x^2 + 10x - 7$
$= -x^2 - 7x^2 - 4x + 10x - 9 - 7$　將同類項分開
$= (-1-7)x^2 + (-4+10)x - 16$　合併同類項
$= \underline{-8x^2 + 6x - 16}$　← $-8x^2$與$6x$的次數不同,所以無法合併為一項

2 多項式的加法與減法

多項式的加法，直接將括號去掉後，合併同類項。

[例] ① $(2x+3y)+(5x-7y)$
　　　$=2x+3y+5x-7y$ ← 直接將括號去掉
　　　$=(2+5)x+(3-7)y$ ← 合併同類項
　　　$=\underline{7x-4y}$

多項式的減法，請依照下列步驟計算。
① 括號前如果是「－」號，去括號時，括號內所有項目要記得改變符號（＋與－）。
② 合併同類項。

② $(6x-5y)-(4x+3y)$ ← 括號前是「－」號
　　$=6x-5y-4x-3y$
　　$=(6-4)x+(-5-3)y$ ← 合併同類項
　　$=\underline{2x-8y}$

注意！
去括號時改變符號

完美解題的關鍵

多項式的減法，必須注意不要犯下粗心的錯誤！
多項式的加法只需要去掉括號後，再合併同類項。所以很簡單。
但是，多項式的減法如果遇到括號前是「－」號的話，去括號時，括號內所有項目需要變號（＋與－）。因為有可能在沒變號的情況下進行運算，而導致計算錯誤。所以要特別注意。

錯誤的解題方法
$(6x-5y)-(4x+3y) \to 6x-5y-4x+3y$
×因為沒變號所以錯誤！

正確的解題方法
$(6x-5y)-(4x+3y) = 6x-5y-4x-3y$
○因為有變號所以正確！

練習問題 2

請計算下列問題。

(1) $(-x-2y)+(15x+5y)=$

(2) $(7a+3b)-(a-5b)=$

解答

(1) $(-x-2y)+(15x+5y)$ ← 將括號去掉
　　$=-x-2y+15x+5y$
　　$=(-1+15)x+(-2+5)y$ ← 合併同類項
　　$=\underline{14x+3y}$

(2) $(7a+3b)-(a-5b)$
　　$=7a+3b-a+5b$ ← 去括號時改變符號
　　$=(7-1)a+(3+5)b$ ← 合併同類項
　　$=\underline{6a+8b}$

PART 2 ▶ 代數式 〈1年級、2年級〉

4 單項式的乘法與除法

非常重要！ 必須掌握 $\frac{5}{4}x$ 的倒數並不是 $\frac{4}{5}x$ 而是 $\frac{4}{5x}$ 的概念！

1 單項式×數字、單項式÷數字

單項式×數字時，先將單項式分解為乘法後，再用數字乘數字計算。

[例] ① $2x \times 3$ （將單項式分解為乘法）
$= 2 \times x \times 3$ （重新排列）
$= 2 \times 3 \times x$
$= 6x$

② $-6a \times \left(-\frac{5}{3}\right)$ （將單項式分解為乘法）
$= -6 \times a \times \left(-\frac{5}{3}\right)$ （重新排列並約分）
$= -\overset{2}{6} \times \left(-\frac{5}{\underset{1}{3}}\right) \times a$
$= 10a$

單項式÷數字時，將除法改為乘法再計算。

[例] ③ $9a \div (-3)$ （將除法改為乘法）
$= 9a \times \left(-\frac{1}{3}\right)$ （重新排列並約分）
$= \overset{3}{9} \times \left(-\frac{1}{\underset{1}{3}}\right) \times a$
$= -3a$

✋ 練習問題

請計算下列問題。

(1) $3a \times 8 =$

(2) $-5x \times (-8) =$

(3) $\frac{1}{3}n \times (-9) =$

(4) $21x \div 3 =$

解答

(1) $3a \times 8$ （將3a分解為3×a後重新排列）
$= 3 \times 8 \times a$
$= 24a$

(2) $-5x \times (-8)$ （將-5x分解為-5×x後重新排列）
$= -5 \times (-8) \times x$
$= 40x$

(3) $\frac{1}{3}n \times (-9)$ （重新排列並約分）
$= \frac{1}{\underset{1}{3}} \times (-\overset{3}{9}) \times n$
$= -3n$

(4) $21x \div 3$ （將除法改為乘法）
$= 21x \times \frac{1}{3}$ （重新排列並約分）
$= \overset{7}{21} \times \frac{1}{\underset{1}{3}} \times x$
$= 7x$

2 單項式×單項式、單項式÷單項式

單項式×單項式時，先將單項式分解為乘法後，再用數字乘數字、文字符號乘文字符號的方式計算。

[例] ① $3x \times 7y$
$= 3 \times x \times 7 \times y$ ⟩ 將單項式分解為乘法
$= 3 \times 7 \times x \times y$ ⟩ 重新排列
$= \mathbf{21xy}$ ⟩ 數字乘數字、文字符號乘文字符號

② $-5a \times 6a^2$
$= -5 \times a \times 6 \times a \times a$ ⟩ 將單項式分解為乘法
$= -5 \times 6 \times a \times a \times a$ ⟩ 重新排列並約分
$= \mathbf{-30a^3}$ ⟩ 數字乘數字、文字符號乘文字符號

③ $(-3y)^2$
$= (-3y) \times (-3y)$ ⟩ 將單項式分解為乘法
$= (-3) \times (-3) \times y \times y$ ⟩ 重新排列
$= \mathbf{9y^2}$ ⟩ 數字乘數字、文字符號乘文字符號

單項式÷單項式時，將能約分的數字與數字、文字符號與文字符號約分後再計算。

[例] ④ $10ab \div (-2b)$
$= -\dfrac{10ab}{2b}$ ⟩ 運用 □÷○ = $\dfrac{□}{○}$
$= -\dfrac{\overset{5}{\cancel{10}} \times a \times \overset{1}{\cancel{b}}}{\underset{1}{\cancel{2}} \times \underset{1}{\cancel{b}}}$ ⟩ 分解為乘法後，數字與數字、文字符號與文字符號約分
$= \mathbf{-5a}$

⑤ $\dfrac{3}{8}xy \div \dfrac{5}{4}x$
$= \dfrac{3xy}{8} \div \dfrac{5x}{4}$ ⟩ 將文字符號移入分子
$= \dfrac{3xy}{8} \times \dfrac{4}{5x}$ ⟩ 將除法改為乘法
$= \dfrac{3 \times \cancel{x} \times y \times \overset{1}{\cancel{4}}}{\underset{2}{\cancel{8}} \times 5 \times \underset{1}{\cancel{x}}}$ ⟩ 分解為乘法後，數字與數字、文字符號與文字符號約分
$= \dfrac{3}{10}y \left(\text{也可以寫成} \dfrac{3y}{10}\right)$

理解了解題方式後，請遮住上列①～⑤題的答案，自己試著重新再算一次。

完美解題的關鍵

$\dfrac{5}{4}x$ 的倒數是 $\dfrac{4}{5}x$ 嗎？還是 $\dfrac{4}{5x}$ 呢？

所謂的倒數，一般而言就是指「分子與分母對調位置後，所得到的新分數。」（請參考下列說明※）

在例⑤中，$\dfrac{5}{4}x$ 的倒數並不是 $\dfrac{4}{5}x$。要是將 $\dfrac{5}{4}x$ 的倒數視為 $\dfrac{4}{5}x$，就會導致錯誤產生，所以要特別注意。

因為 $\dfrac{5}{4}x = \dfrac{5x}{4}$，所以 $\dfrac{5}{4}x$ 的倒數是 $\dfrac{4}{5x}$。

$\dfrac{5}{4}x$ 的倒數 → 是 $\dfrac{4}{5}x$（不正確）

因為 $\dfrac{5}{4}x = \dfrac{5x}{4}$，倒數是 $\dfrac{4}{5x}$（正確）

※ 倒數的定義：如果兩數相乘的積為 1 時，我們就稱其中一數是另一數的倒數。

PART 2 ▶ 代數式　〈1年級、2年級〉

5　多項式的乘法與除法

非常重要！ 多項式×數字、多項式÷數字時，必須運用分配律計算！

1　多項式與數字的乘法與除法

多項式與數字相乘時，請運用**分配律計算**！
分配律所指的是右圖中的法則。

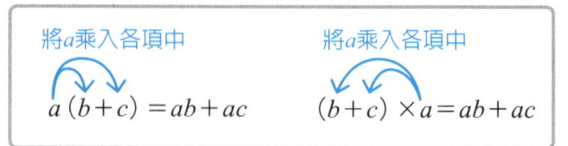

$$a(b+c) = ab+ac \qquad (b+c) \times a = ab+ac$$

將 a 乘入各項中

[例1]

① 將3乘入各項中
$$3(2x+5y) = 3 \times 2x + 3 \times 5y$$
$$= 6x + 15y$$

② 將 -2 乘入各項中
$$(4a-7b) \times (-2) = 4a \times (-2) + (-7b) \times (-2)$$
$$= -8a + 14b$$

多項式與數字相除時，如[例2]所示先**將除法改為乘法**，再**運用分配律來計算**！

[例2]
$$(15x+20) \div 5$$
$$= (15x+20) \times \frac{1}{5} \quad \text{將除法改為乘法}$$
$$= 15x \times \frac{1}{5} + 20 \times \frac{1}{5} \quad \text{運用分配律}$$
$$= 3x + 4$$

✋ 練習問題

請計算下列問題。

(1) $-5(2x-3) =$

(2) $(-3a^2 - 6a - 15) \times \left(-\frac{2}{3}\right) =$

(3) $(-x+2y) \div \frac{1}{6} =$

解答

(1) 將 -5 乘入各項中
$$-5(2x-3)$$
$$= -5 \times 2x + (-5) \times (-3)$$
$$= -10x + 15$$

(2) 將 $-\frac{2}{3}$ 乘入各項中
$$(-3a^2 - 6a - 15) \times \left(-\frac{2}{3}\right)$$
$$= -3a^2 \times \left(-\frac{2}{3}\right) + (-6a) \times \left(-\frac{2}{3}\right)$$
$$\quad + (-15) \times \left(-\frac{2}{3}\right)$$
$$= 2a^2 + 4a + 10$$

(3)
$$(-x+2y) \div \frac{1}{6}$$
$$= (-x+2y) \times 6 \quad \text{將除法改為乘法}$$
$$= -x \times 6 + 2y \times 6 \quad \text{運用分配律}$$
$$= -6x + 12y$$

2 多項式與數字的乘法應用

例題 請計算下列問題。

(1) $2(a-7)+4(2a+1)=$ 　　(2) $6(2x+y)-3(2x-9y)=$ 　　(3) $\dfrac{3a-1}{2}-\dfrac{a+2}{3}=$

解答

將2乘入各項中　　將4乘入各項中

(1)　$2(a-7)+4(2a+1)$
　　$=2a-14+8a+4$　　合併同類項
　　$=(2+8)a-14+4$
　　$=\mathbf{10a-10}$

將6乘入各項中　　將−3乘入各項中

(2)　$6(2x+y)-3(2x-9y)$

因為 $(-3)\times(-9)$
$=+27$ 所以改變符號

　　$=12x+6y-6x+27y$
　　$=(12-6)x+(6+27)y$
　　$=\mathbf{6x+33y}$

(3)　[算式1]　$\dfrac{3a-1}{2}-\dfrac{a+2}{3}$　　通分

　　[算式2]　$=\dfrac{3(3a-1)-2(a+2)}{6}$　　運用分配律

　　　　　改變符號

　　[算式3]　$=\dfrac{9a-3-2a-4}{6}$　　合併同類項

　　　　　$=\dfrac{\mathbf{7a-7}}{\mathbf{6}}$

理解了**例題**的解題方式後，請遮住答案，自己試著重新再寫一次。

完美解題的關鍵

熟悉計算方式前，不要省略中間的算式！

如**例題**(3)所示，遇到需要通分的問題時，有許多學生會犯下粗心的錯誤，所以要特別注意！

省略[算式2]，直接從[算式1]跳到[算式3]，就容易發生像是右方範例中的錯誤。

熟悉計算方式前，不要省略[算式2]，仔細地寫出中間的算式再計算！

[錯誤範例]

$\dfrac{3a-1}{2}-\dfrac{a+2}{3}$
$=\dfrac{9a-3-2a+4}{6}$

實際上應該是負號，所以錯誤
（省略中間的算式容易發生錯誤）

PART 2 ▶ 代數式　　　　　　　　　　　　　　〈1年級～3年級〉

6 什麼是代入

> 非常重要！
> 必須先簡化算式，再**代入**數字！

用數字取代算式中的文字符號，稱為**代入**。
代入後運算所得的結果，稱為此**算式的值**。

例題1 若 $x=-5$，試求下列各式的值。

(1) $2x+7$　　　(2) $3-5x$　　　(3) x^2　　　(4) $\dfrac{15}{x}$

解答

(1) 將 -5 代入 x 中（取代）
$2x+7$
$=2\times(-5)+7$
$=-10+7=\mathbf{-3}$
算式的值（代入後運算所得的結果）

(2) 將 -5 代入 x 中
$3-5x$
$=3-5\times(-5)$
$=3+25=\mathbf{28}$

(3) 將 -5 代入 x 中
x^2
$=(-5)^2$
$=(-5)\times(-5)=\mathbf{25}$

(4) 將 -5 代入 x 中
$\dfrac{15}{x}$
$=\dfrac{15}{-5}$
$=\mathbf{-3}$

例題2 若 $a=-2$、$b=3$，試求下列各式的值。

(1) $-6a-2b$　　　(2) $3ab^2$　　　(3) $9(a+2b)-7(2a+3b)$

解答

(1) 將 $a=-2$、$b=3$ 代入公式中
$-6a-2b$
$=-6\times(-2)-2\times 3$
$=12-6=\mathbf{6}$

(2) 將 $a=-2$、$b=3$ 代入
$3ab^2$
$=3\times(-2)\times 3^2$　　$3^2=9$
$=3\times(-2)\times 9$
$=\mathbf{-54}$

(3) 簡化算式後，再代入數字
$9(a+2b)-7(2a+3b)$　運用分配律
$=9a+18b-14a-21b$
$=-5a-3b$　合併同類項
將 $a=-2$、$b=3$ 代入
$=-5\times(-2)-3\times 3$
$=10-9=\mathbf{1}$

完美解題的關鍵

必須先簡化算式,再代入數字!

例題2 (3)的問題,作答時必須**先簡化算式,再代入數字**!

直接將數字代入未簡化的算式中,雖然也能夠算出答案,但就像右方範例一樣,算式會變得相當複雜,因此容易發生錯誤。

將 $a=-2$、$b=3$ 直接代入
$$9(a+2b)-7(2a+3b)$$
$$=9\times(-2+2\times3)-7\times[2\times(-2)+3\times3]$$

雖然也能夠算出答案,但算式會變得相當複雜

順便複習前面所學過的代數式運算,並計算下列問題。因為問題的難度加深,如果能正確回答這3題,代表已經能輕鬆掌握目前所學的內容。

練習問題(應用篇)

若 $x=5$、$y=-3$,試求下列各式的值。

(1) $-2(-x+2y)-3(-2x-5y)$ (2) $-x^2y^3\div 3xy$ (3) $(x^2-3xy)\div\dfrac{1}{4}x$

※問題(3)為「多項式÷單項式」的運算(屬於3年級的範圍)。但只要結合前面所學過的內容,就能夠算出答案。

解答

(1)~(3)題都必須**先簡化算式,再代入數字**!

(1)
$$-2(-x+2y)-3(-2x-5y)$$
$$=2x-4y+6x+15y \quad \text{運用分配律}$$
$$=8x+11y \quad \text{合併同類項}$$
$$=8\times5+11\times(-3) \quad \text{將}\ x=5、y=-3\text{代入}$$
$$=40-33=\underline{7}$$

(2)
$$-x^2y^3\div 3xy$$
$$=-\dfrac{x^2y^3}{3xy} \quad \text{運用}\ \square\div\bigcirc=\dfrac{\square}{\bigcirc}$$
$$=-\dfrac{\overset{1}{\cancel{x}}\times x\times \overset{1}{\cancel{y}}\times y\times y}{3\times \underset{1}{\cancel{x}}\times \underset{1}{\cancel{y}}} \quad \text{分解為乘法後約分}$$
$$=-\dfrac{x\times y\times y}{3} \quad \text{將}\ x=5、y=-3\text{代入}$$
$$=-\dfrac{\overset{}{5}\times\overset{-1}{\cancel{(-3)}}\times(-3)}{\underset{1}{3}}$$
$$=\underline{-15}$$

(3)
$$(x^2-3xy)\div\dfrac{1}{4}x$$
$$=(x^2-3xy)\div\dfrac{x}{4} \quad \dfrac{1}{4}x=\dfrac{x}{4}$$
$$=(x^2-3xy)\times\dfrac{4}{x} \quad \text{將除法改為乘法}$$
$$=x^2\times\dfrac{4}{x}-3xy\times\dfrac{4}{x} \quad \text{運用分配律}$$
$$=\dfrac{\overset{1}{\cancel{x}}\times x\times 4}{\underset{1}{\cancel{x}}}-\dfrac{3\times \overset{1}{\cancel{x}}\times y\times 4}{\underset{1}{\cancel{x}}} \quad \text{分解為乘法後約分}$$
$$=4x-12y \quad \text{將}\ x=5、y=-3\text{代入}$$
$$=4\times5-12\times(-3)$$
$$=20+36=\underline{56}$$

PART 2 ▶ 代數式　　〈3年級〉

7 乘法公式 1

非常重要！ 必須掌握下列2種公式！
$$(a+b)(c+d) = ac+ad+bc+bd$$
$$(x+a)(x+b) = x^2 + (a+b)x + ab$$

1 多項式×多項式

多項式 $(a+b)$ 與多項式 $(c+d)$ 相乘時，省略×，再以 $(a+b)(c+d)$ 來表示。$(a+b)(c+d)$ 則必須依照右方的運算順序。

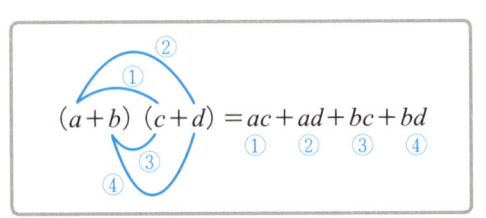

$$(a+b)(c+d) = ac+ad+bc+bd$$

像這樣**將單項式或多項式的乘法算式去掉括號後，以單項式的加法形式來表示**，這個動作稱為**展開**原式。

例題 1 請展開下列各式。

(1) $(a+3)(b-5)$　　　(2) $(2x-1)(3x-4)$

解答

(1) $(a+3)(b-5) = ab - 5a + 3b - 15$

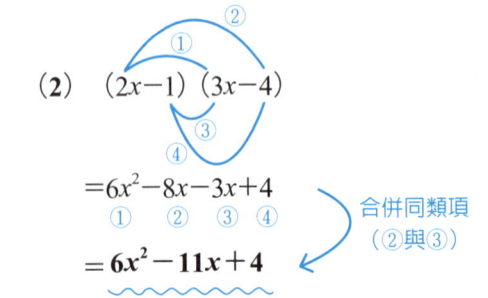

(2) $(2x-1)(3x-4)$
$= 6x^2 - 8x - 3x + 4$　（合併同類項②與③）
$= 6x^2 - 11x + 4$

練習問題 1

請計算下列問題。

(1) $(a+2b)(4c+3d)$　　　(2) $(6x-5y)(2x-3y)$

解答
(1) $(a+2b)(4c+3d) = 4ac + 3ad + 8bc + 6bd$

(2) $(6x-5y)(2x-3y)$
$= 12x^2 - 18xy - 10xy + 15y^2$
$= 12x^2 - 28xy + 15y^2$　（合併同類項）

2 乘法公式之一

展開算式時所運用的公式，稱為**乘法公式**。本書中將介紹4種公式，右方公式為第1種。

$$(x+a)(x+b) = x^2 + \underbrace{(a+b)}_{a\text{與}b\text{的和}}x + \underbrace{ab}_{a\text{與}b\text{的積}}$$

例題2　請展開下列各式。

（1）$(x+6)(x+2)$　　　　（2）$(a-3)(a+11)$

解答

（1）$(x+6)(x+2) = x^2 + \underbrace{(6+2)}_{6\text{與}2\text{的和}}x + \underbrace{6\times 2}_{6\text{與}2\text{的積}}$

$= x^2 + 8x + 12$

（2）$(a-3)(a+11) = a^2 + \underbrace{(-3+11)}_{-3\text{與}11\text{的和}}a + \underbrace{(-3)\times 11}_{-3\text{與}11\text{的積}}$

$= a^2 + 8a - 33$

練習問題2

請展開下列各式。

（1）$(x-4)(x-8)$　　　　（2）$(y+7)(y-9)$

解答

（1）　將$(-4)+(-8)$的+號省略

$(x-4)(x-8) = x^2 + \underbrace{(-4-8)}_{-4\text{與}-8\text{的和}}x + \underbrace{(-4)\times(-8)}_{-4\text{與}-8\text{的積}}$

$= x^2 - 12x + 32$

（2）　將$7+(-9)$的+號省略

$(y+7)(y-9) = y^2 + \underbrace{(7-9)}_{7\text{與}-9\text{的和}}y + \underbrace{7\times(-9)}_{7\text{與}-9\text{的積}}$

$= y^2 - 2y - 63$

完美解題的關鍵

忘記公式時的解法之一！

如果忘記第1種乘法公式時，也可以運用 $(a+b)(c+d) = ac + ad + bc + bd$ 的公式來展開。以練習問題2中的（1）為例，可以像右方一樣展開。

$(x-4)(x-8) = x^2 - 8x - 4x + 32$

$= x^2 - 12x + 32$　（合併同類項）

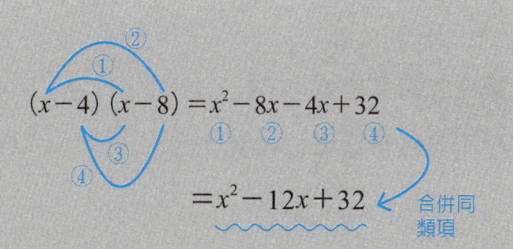

PART 2 ▶ 代數式 〈3年級〉

8 乘法公式 2

非常重要！ 必須掌握下列3種公式！

$(x+a)^2 = x^2 + 2ax + a^2$ $(x-a)^2 = x^2 - 2ax + a^2$

$(x+a)(x-a) = x^2 - a^2$

3 乘法公式之二、三

我們已於第33頁，介紹了4種乘法公式中的第1種。本單元將學習右方的另外兩種乘法公式。

$(x+a)^2 = x^2 + \underline{2ax} + \underline{a^2}$
　　　　　　　a的2倍　a的2次方

$(x-a)^2 = x^2 - \underline{2ax} + \underline{a^2}$
　　　　　　　a的2倍　a的2次方

例題3 請展開下列各式。

(1) $(x+8)^2$　　　　　　(2) $(y-5)^2$

解答

(1) $(x+8)^2 = x^2 + \underline{2 \times 8 \times x} + \underline{8^2}$
　　　　　　　　　8的2倍　　8的2次方
　　　$= x^2 + 16x + 64$

(2) $(y-5)^2 = y^2 - \underline{2 \times 5 \times y} + \underline{5^2}$
　　　　　　　　　5的2倍　　5的2次方
　　　$= y^2 - 10y + 25$

練習問題3

請展開下列各式。

(1) $(x+11)^2$　　　　　(2) $(a-1)^2$

解答

(1) $(x+11)^2 = x^2 + \underline{2 \times 11 \times x} + \underline{11^2}$
　　　　　　　　　　11的2倍　　11的2次方
　　　$= x^2 + 22x + 121$

(2) $(a-1)^2 = a^2 - \underline{2 \times 1 \times a} + \underline{1^2}$
　　　　　　　　　1的2倍　　1的2次方
　　　$= a^2 - 2a + 1$

4 乘法公式之四

再來,請學習最後一種乘法公式。

$$(x+a)(x-a) = x^2 - a^2$$
x的2次方　a的2次方

例題 4 請展開下列各式。

(1) $(x+6)(x-6)$

(2) $(2a-3)(2a+3)$

解答

(1) $(x+6)(x-6) = x^2 - 6^2$
　　　　　　　　　x的2次方　6的2次方
　　　　　　　　$= x^2 - 36$

(2) $(2a-3)(2a+3) = (2a)^2 - 3^2$
　　　　　　　　　　　$2a$的2次方　3的2次方
　　　　　　　　　　$= 4a^2 - 9$

練習問題 4

請展開下列各式。

(1) $(x-9)(x+9)$

(2) $(7+5y)(5y-7)$

解答

(1) $(x-9)(x+9) = x^2 - 9^2$
　　　　　　　　　x的2次方　9的2次方
　　　　　　　　$= x^2 - 81$

(2) $(7+5y)(5y-7) = (5y+7)(5y-7)$
　　　　　　　　　　將7與5y對調　$= (5y)^2 - 7^2$
　　　　　　　　　　　　　　　　　$5y$的2次方　7的2次方
　　　　　　　　　　　　　　　　$= 25y^2 - 49$

完美解題的關鍵

忘記公式時的解法之二!

如果忘記本單元中的3種乘法公式時,還是可以運用 $(a+b)(c+d) = ac+ad+bc+bd$ 的公式來展開。

例題3 (1)

$(x+8)^2$　分解為乘法
$= (x+8)(x+8)$　運用 $(a+b)(c+d) = ac+ad+bc+bd$
$= x^2 + 8x + 8x + 64$
$= x^2 + 16x + 64$　合併同類項

例題3 (2)

$(y-5)^2$　分解為乘法
$= (y-5)(y-5)$　運用 $(a+b)(c+d) = ac+ad+bc+bd$
$= y^2 - 5y - 5y + 25$
$= y^2 - 10y + 25$　合併同類項

例題4 (1)

$(x+6)(x-6)$　運用 $(a+b)(c+d) = ac+ad+bc+bd$
$= x^2 - 6x + 6x - 36$　合併同類項
$= x^2 - 36$　$-6x+6x=0$所以消去

四種乘法公式和接下來要學習的因式分解,有著密不可分的關係,因此終究需要把它熟記下來。但是忘記公式時,就藉由這個方法來解決吧!

PART 3 ▶ 一次方程式 〈1年級〉

1 什麼是方程式

> **非常重要！** 必須掌握等式的五種特性！

1 什麼是方程式

「＝」稱為等號。
用等號表示兩個量或數為相等關係的式子，稱為等式。
等式中，等號「＝」左側的式子稱為左式。
等式中，等號「＝」右側的式子稱為右式。
左式與右式合稱兩式。

舉例來說，在等式 $2x+4=10$ 中，左式、右式與兩式的位置如右圖所示：

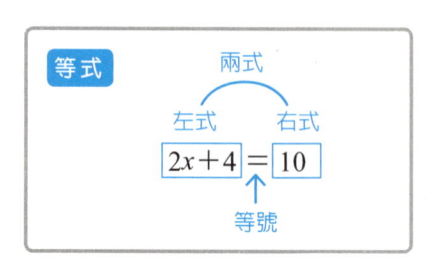

等式
兩式
左式　右式
$\boxed{2x+4} = \boxed{10}$
↑
等號

在等式 $2x+4=10$ 中，試著將數字代入 x 吧！

將1代入 x

左式則成為 $2\times1+4=6$，與右式的10不一致。

將2代入 x

左式則成為 $2\times2+4=8$，與右式的10不一致。

將3代入 x

左式則成為 $2\times3+4=10$，與右式的10一致，等式成立。

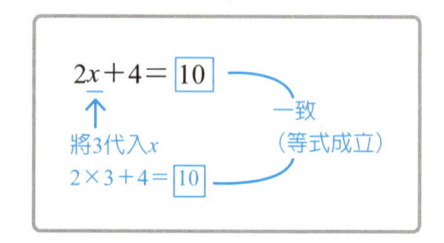

$2x+4=\boxed{10}$
↑　　　一致
將3代入 x　（等式成立）
$2\times3+4=\boxed{10}$

像「$2x+4=10$」一樣，**根據代入文字符號中的值，來判斷是否成立的等式**，稱為方程式。
另外，**使方程式成立的值**，就稱為此方程式的解。而**求解**稱為「解方程式」。
上方例子所舉出的方程式 $2x+4=10$，其解為3。

等式包含下列幾種特性,所以必須好好掌握。

等式的特性

①若 $A=B$,則 $A+C=B+C$ 成立。

②若 $A=B$,則 $A-C=B-C$ 成立。

③若 $A=B$,則 $AC=BC$ 成立。

④若 $A=B$,則 $\dfrac{A}{C}=\dfrac{B}{C}$ 成立。(C 不等於零)

也就是說,當 $A=B$ 成立時,等式兩邊同時加、減、乘、除以一個數,等式都成立。這就是等式的特性。

完美解題的關鍵

等式的第5種特性!

除了上述4種特性外,等式還有最後1種特性。

⑤若 $A=B$,則 $B=A$ 成立。

也就是,把等式的兩邊交換後,等式依然成立的特性。

舉例來說,若 $2x+4=10$,則 $10=2x+4$ 成立。如果能把這些特性記下來,對於解方程式將會有很大的幫助。

2 運用等式特性的方程式解法

運用等式的特性,就能夠解方程式。

例題 試解下列方程式。

(1) $x+8=15$

(2) $5x=30$

解答

(1) $x+8=15$

從等式兩邊同時減一個數,等式依然成立。所以從兩式同時減8,結果為:

$$x+8-8=15-8 \quad \underline{x=7}$$

(2) $5x=30$

將等式兩邊同時除以一個數,等式依然成立。所以將兩式同時除以5,結果為:

$$\dfrac{5x}{5}=\dfrac{30}{5} \quad \underline{x=6}$$

理解了 **例題** 的解題方式後,請遮住答案,自己試著重新再寫一次。

PART 3 ▶ 一次方程式 〈1年級〉

2 運用移項法則的方程式解法

非常重要！

移項法則 { 文字符號項往**左**式移
數字項往**右**式移 }

第37頁的例題(1)中，運用了等式的特性來解方程式「$x+8=15$」。

但是，有時候比起運用等式的特性，藉由移項的思考方式來解方程式，反而更容易。

等式中的任何一項，先改變其符號（＋與－）後，即可從等號的左式移到右式，或是從右式移到左式。這就稱為移項。

試著運用移項的思考方式來解方程式「$x+8=15$」。

$$x+8=15$$
$$x\ =15-8 \quad \text{將+改為-後進行移項}$$
$$x=7$$

如左圖所示，將左式+8的**性質符號改變後，往右式移項**，即可解方程式。

運用移項的思考方式來解方程式時，將文字符號項往左式移、數字項往右式移，兩式一旦各自進行移項後，幾乎就能順利解出方程式。

例題 試解下列方程式。

(1) $2x-3=-9$　　(2) $-3x+20=2x$　　(3) $-x+1=-4x-17$

解答

(1) 將左式的-3變號後，往右式移項。

$$2x\boxed{-3}=-9 \quad \text{將-改為+後進行移項}$$
$$2x\ =-9\boxed{+3}$$
$$2x\ =-6 \quad \text{計算右式}$$
$$x=-3 \quad \text{兩式同時除以2}$$

(2) 將左式的+20變號後，往右式移項。

將右式的$2x$變號後，往左式移項。

$$-3x\boxed{+20}=\boxed{2x}$$
$$-3x\boxed{-2x}=\boxed{-20} \quad \text{將文字符號往左式、數字往右式移項}$$
$$-5x=-20 \quad \text{計算左式}$$
$$x=4 \quad \text{兩式同時除以-5}$$

(3) 將左式的+1變號後，往右式移項。

將右式的$-4x$變號後，往左式移項。

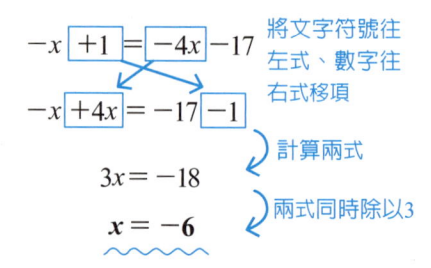

$$-x\boxed{+1}=\boxed{-4x}-17$$
$$-x\boxed{+4x}=-17\boxed{-1} \quad \text{將文字符號往左式、數字往右式移項}$$
$$3x=-18 \quad \text{計算兩式}$$
$$x=-6 \quad \text{兩式同時除以3}$$

練習問題

試解下列方程式。

(1) $2x-5(x+4)=16$　　(2) $-0.1x+0.24=0.08x-0.3$　　(3) $\frac{1}{8}x-\frac{1}{6}=\frac{1}{3}x$

解答

(1) 含有括號的方程式，則運用分配律去括號後，再解方程式。

$$2x-5(x+4)=16$$
$$2x-5x-20=16 \quad \text{去括號}$$
$$2x-5x=16+20 \quad \text{將}-20\text{往右式移項}$$
$$-3x=36 \quad \text{計算兩式}$$
$$x=-12 \quad \text{兩式同時除以}-3$$

(2) 兩式同時乘以100，把小數化為整數後，再解方程式。

$$-0.1x+0.24=0.08x-0.3$$
$$(-0.1x+0.24)\times 100=(0.08x-0.3)\times 100 \quad \text{兩式同時乘以100}$$
$$-10x+24=8x-30 \quad \text{去括號}$$
$$-10x-8x=-30-24 \quad \text{將24與}8x\text{移項}$$
$$-18x=-54 \quad \text{計算兩式}$$
$$x=3 \quad \text{兩式同時除以}-18$$

(3) 兩式同時乘以分母（8、6、3）的最小公倍數24，再把分數化為整數。這個程序稱為擴分。

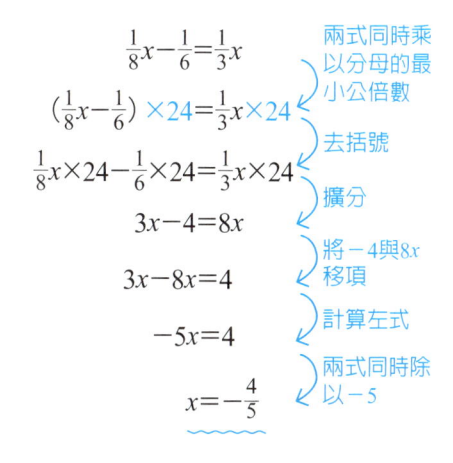

$$\frac{1}{8}x-\frac{1}{6}=\frac{1}{3}x$$
$$\left(\frac{1}{8}x-\frac{1}{6}\right)\times 24=\frac{1}{3}x\times 24 \quad \text{兩式同時乘以分母的最小公倍數}$$
$$\frac{1}{8}x\times 24-\frac{1}{6}\times 24=\frac{1}{3}x\times 24 \quad \text{去括號}$$
$$3x-4=8x \quad \text{擴分}$$
$$3x-8x=4 \quad \text{將}-4\text{與}8x\text{移項}$$
$$-5x=4 \quad \text{計算左式}$$
$$x=-\frac{4}{5} \quad \text{兩式同時除以}-5$$

完美解題的關鍵

方程式與多項式解法的差別

下方①與②的式子相當類似：

① $\frac{1}{8}x-\frac{1}{6}=\frac{1}{3}x$　　② $\frac{1}{8}x-\frac{1}{6}-\frac{1}{3}x=$

①為方程式、②為多項式的計算。
方程式中，等號「＝」的左右兩式都存在，而在多項式的計算中則不存在。

①與 練習問題 (3)相同，都屬於方程式，所以將等號兩邊同時乘以24後，就能得解。但是，像「②的錯誤計算範例」一樣，在多項式計算中乘以24後卻無法得解。這是因為在多項式計算中，**將式子乘以24後，答案也會多出24倍**。這就是同時學習多項式以及方程式的人容易混淆的地方，所以要特別小心。

「②的錯誤計算範例」

$$\frac{1}{8}x-\frac{1}{6}-\frac{1}{3}x$$
$$=\left(\frac{1}{8}x-\frac{1}{6}-\frac{1}{3}x\right)\times 24 \quad \text{不能乘以24}$$
$$=3x-4-8x$$
$$=-5x-4 \quad \text{答案多出24倍所以×}$$

「②的正確計算範例」

$$\frac{1}{8}x-\frac{1}{6}-\frac{1}{3}x$$
$$=\frac{3}{24}x-\frac{8}{24}x-\frac{1}{6} \quad \text{通分}$$
$$=-\frac{5}{24}x-\frac{1}{6} \quad \leftarrow \text{正確答案}$$

區分清楚方程式與多項式的計算，注意不要把解法混淆。

PART 3 ▶ 一次方程式　　　〈1年級〉

3 一次方程式的應用題 1

非常重要！ 一次方程式的應用題，需藉由3步驟來解題。

這裡所出現的方程式，經由移項整理後，可轉換為等號一邊含未知數，而另一邊不含未知數的「（一次式）＝0」形式。這樣的方程式稱為一次方程式。
本單元將介紹一次方程式的應用題。
一次方程式的應用題，需藉由3步驟來解題。

步驟 1	步驟 2	步驟 3
設欲求的事物為 x	依題意列方程式	解方程式

例題 若買了5支原子筆與每個120元的橡皮擦6個，共花了1520元，則原子筆一支多少錢？

解答 如下方所示，可藉由3步驟來解題。

步驟 1 設欲求的事物為 x
假設原子筆每支 x 元。

步驟 2 依題意列方程式
若用算式表示（x 元的原子筆5支的金額）＋（120元的橡皮擦6個的金額）＝總金額，則可列出下列方程式。

$$\underbrace{5x}_{\text{原子筆5支的金額}} + \underbrace{120\times 6}_{\text{橡皮擦6個的金額}} = \underbrace{1520}_{\text{總金額}}$$

步驟 3 解方程式

$$\begin{aligned}
5x+120\times 6 &= 1520 &&\text{計算 }120\times 6\\
5x+720 &= 1520 &&\text{將720移項}\\
5x &= 1520-720 &&\text{計算 }1520-720\\
5x &= 800 &&\text{兩式同時除以5}\\
x &= 160
\end{aligned}$$

答案：160元

練習問題 1

若餅乾1個70元，糖果1個90元，共買了15個，總共花了1210元。請問各買了幾個餅乾和糖果？

解答

如下方所示，可藉由3步驟來解題。

步驟 1 設欲求的事物為 x

假設買了餅乾 x 個。
因為總共買了15個，所以可用 $(15-x)$ 來表示糖果的個數。

步驟 2 依題意列方程式

若用算式表示（70元的餅乾 x 個的金額）＋（90元的糖果 $(15-x)$ 個的金額）＝總金額，則可列出下列方程式。

$$70x + 90(15-x) = 1210$$

- $70x$ ← 餅乾 x 個的金額
- $90(15-x)$ ← 糖果 $(15-x)$ 個的金額
- 1210 ← 總金額

步驟 3 解方程式

$$70x + 90(15-x) = 1210$$
$$70x + 1350 - 90x = 1210 \quad \text{去括號}$$
$$70x - 90x = 1210 - 1350 \quad \text{將1350移項}$$
$$-20x = -140$$
$$x = 7 \quad \text{兩式同時除以} -20$$

求得餅乾為7個後，因為總共買了15個，所以糖果的個數為 $15-7=8$ 個。

答案：餅乾 7 個，糖果 8 個

完美解題的關鍵

將糖果的個數設為 x 也能夠得到答案！

練習問題1 的解答中，將餅乾的個數設為 x。但如果將糖果的個數設為 x，如下方所示，也能夠得到答案。有信心的人，可以試著不看下方解法，自己解題。

解法

假設買了糖果 x 個。
因為總共買了15個，所以可用 $(15-x)$ 來表示餅乾的個數。

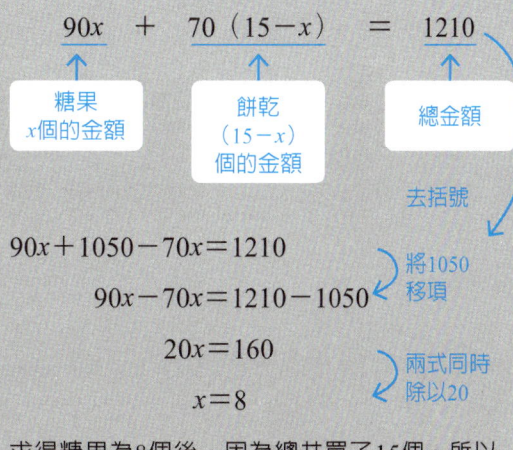

$$90x + 70(15-x) = 1210$$

- $90x$ ← 糖果 x 個的金額
- $70(15-x)$ ← 餅乾 $(15-x)$ 個的金額
- 1210 ← 總金額

$$90x + 1050 - 70x = 1210 \quad \text{去括號}$$
$$90x - 70x = 1210 - 1050 \quad \text{將1050移項}$$
$$20x = 160$$
$$x = 8 \quad \text{兩式同時除以20}$$

求得糖果為8個後，因為總共買了15個，所以餅乾的個數為 $15-8=7$ 個。

答案：餅乾 7 個，糖果 8 個

PART 3 ▶ 一次方程式　　　〈1年級〉

4　一次方程式的應用題 2

> **非常重要！** 必須**以2種方式表示**相同事物，並**用等號（＝）連結**。

承接前頁內容，本單元將繼續練習各種一次方程式的應用題。

練習問題 2

將原子筆分給小朋友，若每人分7支則少12支；若每人分5支則多6支。請問小朋友有幾人，以及原子筆有幾支？

解答

如下方所示，可藉由3步驟來解題。

步驟 1　設欲求的事物為 x

假設小朋友有 x 人。

步驟 2　依題意列方程式

因為每人分7支則少12支，所以可將原子筆的數量表示為（$7x-12$）支。另外，因為每人分5支則多6支，所以又可將原子筆的數量表示為（$5x+6$）支。

以（$7x-12$）與（$5x+6$）這2種方式來表示相同的原子筆數量，所以將這2種方式用等號連結，就能夠列出下列方程式。

（原子筆的數量）＝（原子筆的數量）

$$7x - 12 = 5x + 6$$

↑每人分7支　↑少12支　↑每人分5支　↑多6支

每人分7支：原子筆的數量（$7x-12$）支，少12支，$7\times$人數（x）

每人分5支：原子筆的數量（$5x+6$）支，$5\times$人數（x），多6支

步驟 3　解方程式

$$7x - 12 = 5x + 6$$
$$7x - 5x = 6 + 12$$
$$2x = 18$$
$$x = 9$$

將 -12 與 $5x$ 移項

兩式同時除以2

求得小朋友共有9人後，因為每人分7支則少12支，所以原子筆的數量為 $9\times7-12=51$ 支。

答案：小朋友 9 人，原子筆 51 支

練習問題 3

健二從家裡出發去公園，8分鐘後，爸爸走路去追他。健二走路的速度是65公尺／分，而爸爸走路的速度是85公尺／分。此時，爸爸出發幾分鐘後可以追上健二？

解答

如下方所示，可藉由3步驟來解題。

步驟 1 設欲求的事物為 x

假設爸爸出發 x 分鐘後可以追上健二。

步驟 2 依題意列方程式

將問題狀況以下圖表示：

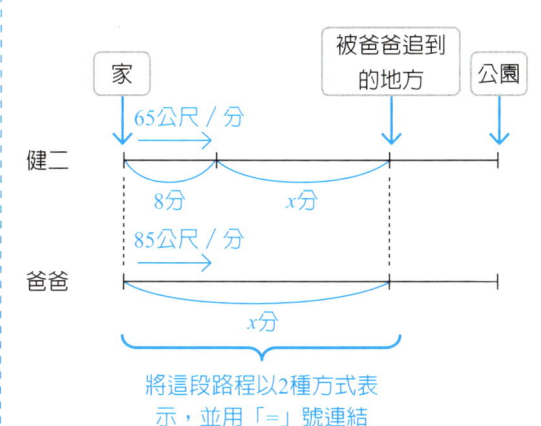

健二以65公尺／分的速度走了 $(x+8)$ 分。因為「速度×時間＝路程」，所以可以用 $65(x+8)$ 來表示健二所走的路程。

另一方面，爸爸以85公尺／分的速度走了 x 分。又「速度×時間＝路程」，所以可以用 $85x$ 來表示爸爸所走的路程。

因為健二所走的路程，與爸爸所走的路程相同。所以可以列出下列方程式。

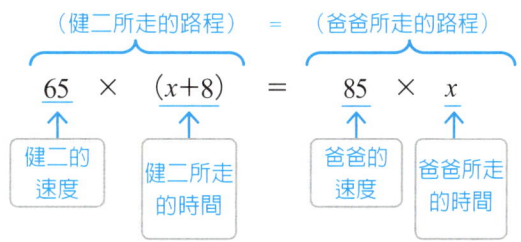

（健二所走的路程）＝（爸爸所走的路程）

$$65 \times (x+8) = 85 \times x$$

- 65：健二的速度
- $(x+8)$：健二所走的時間
- 85：爸爸的速度
- x：爸爸所走的時間

步驟 3 解方程式

$$65(x+8) = 85x$$
$$65x + 520 = 85x$$ （去括號）
$$65x - 85x = -520$$ （將520與85x移項）
$$-20x = -520$$
$$x = 26$$ （兩式同時除以-20）

答案：26分後

完美解題的關鍵

必須以2種方式表示相同事物，並用等號（＝）連結！

練習問題2 中，將原子筆的數量以 $7x-12$ 與 $5x+6$ 這2種方式來表示，並用等號（＝）連結。

而在 練習問題3 中，將健二被爸爸追到前所走的路程以 $65(x+8)$ 與 $85x$ 這2種方式來表示，並用等號（＝）連結。

所以，在方程式的應用題中，必須以2種方式表示相同事物，並用等號（＝）連結列出方程式。

PART 4 ▶ 正比與反比 〈1年級〉

1 什麼是坐標

> **非常重要！** 必須掌握各種與坐標相關的用詞定義！

一起來看看，如何在平面上表示點的位置！

可以想成在平面上相交成直角的水平數線與垂直數線，如 圖1 所示。

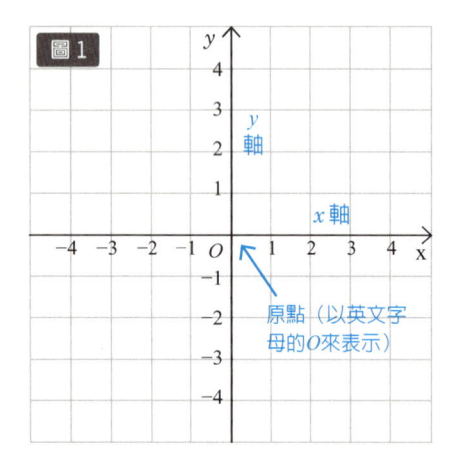

圖1 中，**水平數線**稱為 x **軸**，**垂直數線**稱為 y 軸。

另外，x **軸與** y **軸的交點**稱為原點，通常我們以英文字母的 O 來表示。（請注意並非是數字0。）

在 圖2 中，表示 P 點的位置。

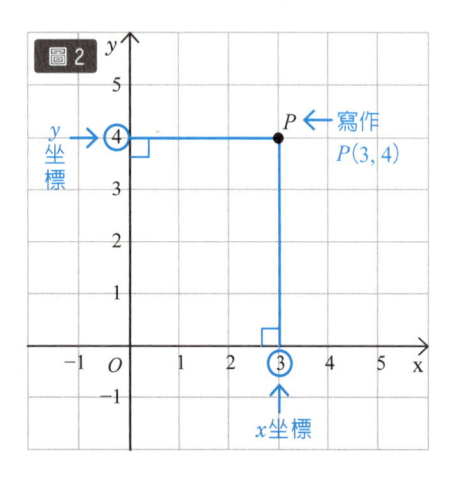

首先，從 P 起，拉出分別與 x 軸及 y 軸垂直的2條直線（藍線），如 圖2 所示。

P 對應在 x 軸上的刻度為3。這個3就稱為 P 的 x 坐標。

P 對應在 y 軸上的刻度為4。這個4就稱為 P 的 y 坐標。

P 的 x 坐標為3、y 坐標為4，合起來寫作（3, 4）。（3, 4）就稱為 P 的坐標。

也可以將 P 點寫作 P（3, 4）。

P 點的坐標 → P（ 3 ， 4 ）
　　　　　　　　　 ↑　　 ↑
　　　　　　　　 x坐標　y坐標

如此一來，**決定 x 軸與 y 軸後，再將點的位置以坐標來表示的平面**，就稱為坐標平面。

44

完美解題的關鍵

必須掌握各種與坐標相關的用詞定義！

在本單元中，出現許多關於坐標的用詞，可能會讓人感覺到相當困難。

但是，無論是對於教導國中生學習坐標的數學老師，或是在數學參考書當中，這些用詞都被當作是基本常識來使用，為了理解上課的內容與參考書的解說，請務必掌握各種用詞的定義。

練習問題

請依據坐標圖，回答下列問題。

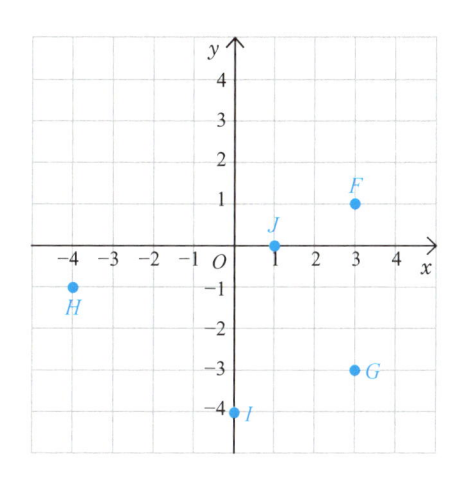

(1) 在左圖的坐標平面上，標示出下列各點的位置。$A(2, 3)$、$B(-1, 4)$、$C(-2, -4)$、$D(0, 2)$、$E(-3, 0)$

(2) 請回答左圖中 F、G、H、I、J 各點的坐標。並且，請回答原點 O 的坐標。

解答

(1) 點 A、B、C、D、E 的位置如下圖所示：

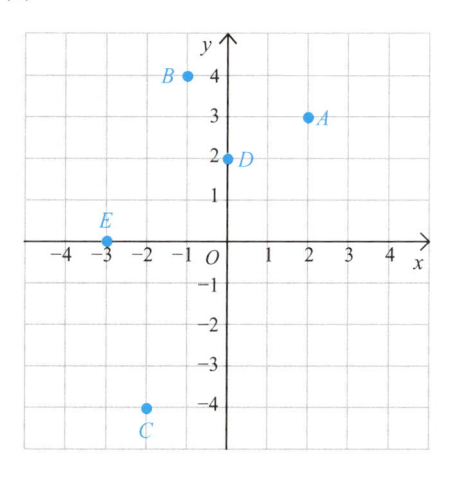

(2) F 點的 x 坐標為 3；y 坐標為 1，所以為 $\underline{F(3, 1)}$

G 點的 x 坐標為 3；y 坐標為 -3，所以為 $\underline{G(3, -3)}$

H 點的 x 坐標為 -4；y 坐標為 -1，所以為 $\underline{H(-4, -1)}$

I 點的 x 坐標為 0；y 坐標為 -4，所以為 $\underline{I(0, -4)}$

J 點的 x 坐標為 1；y 坐標為 0，所以為 $\underline{J(1, 0)}$

原點 O 的 x 坐標與 y 坐標都為 0，所以為 $\underline{(0, 0)}$

PART 4 ▶ 正比與反比 〈1年級〉

2 正比與坐標圖

> **非常重要！** 必須掌握正比的公式為 $y = ax$！

1 什麼是正比

藉由下列公式表示 x 與 y 時，則稱「x 與 y 成正比」。

$$\text{正比的表示公式} \rightarrow y = ax$$

此時，$y = ax$ 的 a 稱為**比例常數**。例如：$y = 5x$ 的比例常數為 5。

例題 若 x 與 y 的關係為 $y = 3x$ 時，請回答下列問題。

（1）請問是否可以稱 x 與 y 成正比？
（2）請問比例常數為多少？
（3）請在右表中填入適當的 y 值。

x	…	−3	−2	−1	0	1	2	3	…
y	…								…

解答

（1）因為是以 $y = ax$（a 為 3）的公式來表示 x 與 y 的關係，所以可以稱 x 與 y 成正比。

答案：可以

（2）$y = 3x$ 的 3 為比例常數。

答案：3

（3）當 $y = 3x$ 的 x 用 1 代入時，可以求得 $y = 3 \times 1 = 3$。
　　再來，當 x 用 −2 代入時，可以求得 $y = 3 \times (−2) = −6$。
　　如此一來，一旦將 x 用數代入求出 y 值，就可以得到下列答案。

x	…	−3	−2	−1	0	3	6	9	…
y	…	−9	−6	−3	0	3	6	9	…

藉由 例題(3)的表可以得知，x為2倍時y會成為2倍；x為3倍時y也會成為3倍。

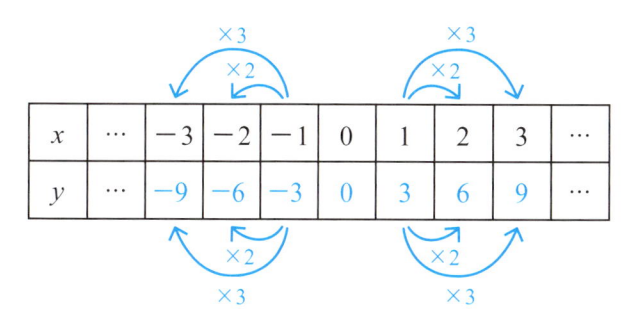

x	…	-3	-2	-1	0	1	2	3	…
y	…	-9	-6	-3	0	3	6	9	…

藉由$y=ax$的正比關係表示x與y時，x與y則具有下列特性：x為2倍、3倍、4倍、……時，y也會成為2倍、3倍、4倍、……。

2 正比與坐標圖

在 例題(3)的表當中，若將每個數各自對應到坐標時，就會得到下列結果。

x	…	-3	-2	-1	0	1	2	3	…
y	…	-9	-6	-3	0	3	6	9	…

坐標 $(-3,-9)(-2,-6)(-1,-3)(0,0)(1,3)(2,6)(3,9)$

接下來，請將上列各坐標的點標示在坐標平面上，並連成一直線。如此一來，就能畫出$y=3x$的坐標圖，如右圖所示。

$y=3x$的坐標圖

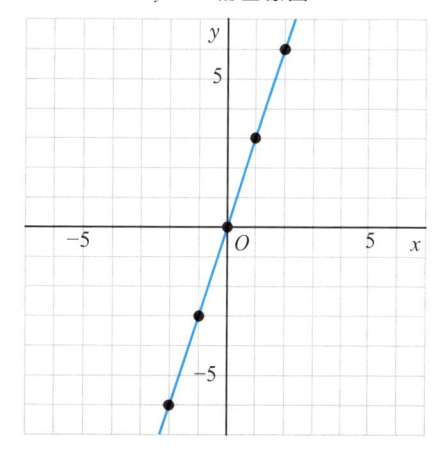

如右圖所示，**正比的坐標圖**成為**通過原點的一直線**。

完美解題的關鍵

從坐標圖可判定比例常數為正數還是負數！

例題 中可看出$y=3x$的比例常數為正數(3)，因此坐標圖上的直線由左往右上傾斜。
但是，假設在$y=-3x$，比例常數為負數(-3)的情況下，請注意坐標圖上的直線由左往右下傾斜。

[$y=ax$的坐標圖]

a為正數($a>0$)時　　a為負數($a<0$)時

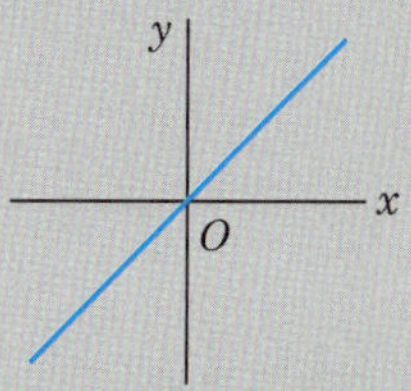

往右上升的坐標圖　　往右下降的坐標圖
（直線由左往右上傾斜）（直線由左往右下傾斜）

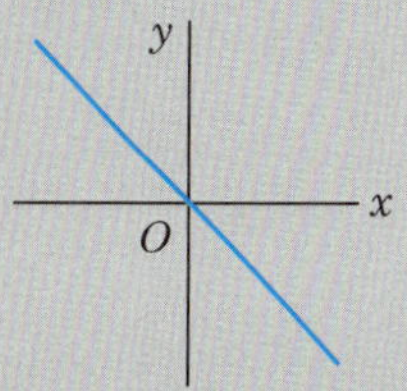

47

PART 4 ▶ 正比與反比 〈1年級〉

3 反比與坐標圖

> **非常重要！** 必須掌握反比的公式為 $y=\dfrac{a}{x}$

1 什麼是反比

藉由下列公式表示 x 與 y 時，則稱「x 與 y 成反比」。

> 反比的表示公式 → $y=\dfrac{a}{x}$

此時，$y=\dfrac{a}{x}$ 的 a 與正比同樣都稱為比例常數。例如：$y=\dfrac{6}{x}$ 的比例常數為 6。

例題 若 x 與 y 的關係為 $y=\dfrac{12}{x}$ 時，請回答下列問題。

(1) 請問是否可以稱 x 與 y 成反比？ (2) 請問比例常數為多少？

(3) 請在下表中填入適當的 y 值。

x	…	−12	−6	−4	−3	−2	−1	0	1	2	3	4	6	12	…
y	…							×							…

解答

(1) 因為是以 $y=\dfrac{a}{x}$（a 為 12）的公式來表示 x 與 y 的關係，所以可以稱 x 與 y 成反比。

答案：可以

(2) $y=\dfrac{12}{x}$ 的 12 為比例常數。

答案：12

(3) 當 $y=\dfrac{12}{x}$ 的 x 用 2 代入時，可以求得 $y=\dfrac{12}{2}=6$。

再來，當 x 用 −4 代入時，可以求得 $y=\dfrac{12}{-4}=-3$。

如此一來，一旦將 x 用數代入求出 y 值，就可以得到下列答案。12 不可以除以 0，所以當 x 為 0 時 y 值用打叉代替。

x	…	−12	−6	−4	−3	−2	−1	0	1	2	3	4	6	12	…
y	…	−1	−2	−3	−4	−6	−12	×	12	6	4	3	2	1	…

藉由 例題(3)的表可以得知，x為2倍時y會成為$\frac{1}{2}$倍；x為3倍時y也會成為$\frac{1}{3}$倍。

x	…	−12	−6	−4	−3	−2	−1	0	1	2	3	4	6	12	…
y	…	−1	−2	−3	−4	−6	−12	×	12	6	4	3	2	1	…

藉由$y=\frac{a}{x}$的反比關係表示x與y時，x與y則具有下列特性：x為2倍、3倍、4倍、……時，y會成為$\frac{1}{2}$倍、$\frac{1}{3}$倍、$\frac{1}{4}$倍、……。

2 反比與坐標圖

請試著畫出 例題 中$y=\frac{12}{x}$的坐標圖。

一邊看著 例題(3)的表，一邊將表中各坐標的點標示在坐標平面上，並連成一曲線。如此一來，就能畫出$y=\frac{12}{x}$的坐標圖，如右圖所示。關鍵在於連接這些點的並非是直線，而是圓滑的曲線。

$y=\frac{12}{x}$的坐標圖

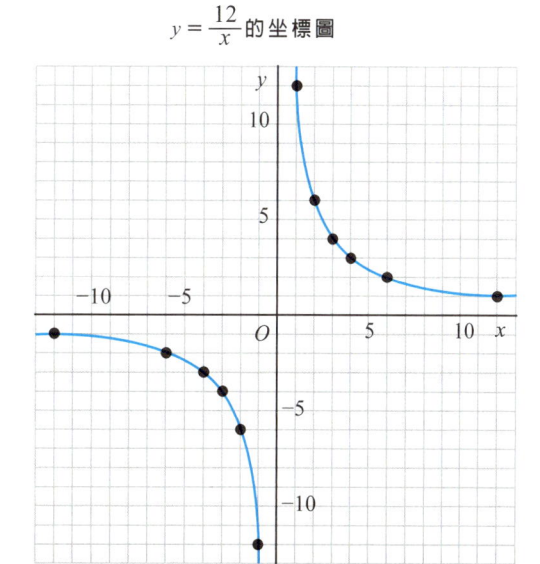

如右圖所示，反比的坐標圖成為圓滑的2條曲線，我們將它稱為雙曲線。

完美解題的關鍵

從反比例的坐標圖也可判定比例常數為正數還是負數！

$[y=\frac{a}{x}$的坐標圖$]$

a為正數（$a>0$）時　　a為負數（$a<0$）時

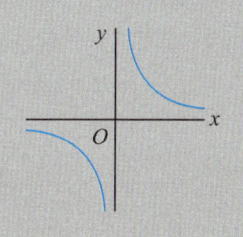

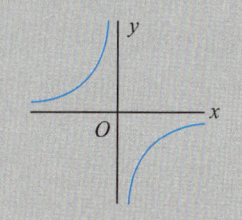

正比的坐標圖，當比例常數為正數時，則為往右上升的坐標圖，比例常數為負數時，則為往右下降的坐標圖。
反比也一樣，可以從坐標圖得知比例常數為正數還是負數，如右圖所示，所以請注意。

PART 5 ▶ 聯立方程式 〈2年級〉

1 聯立方程式的解法 ①

非常重要！

運用**加減消去法**時，先整理容易計算的部分再解題！

1 加減消去法

$$\begin{cases} 7x+3y=27 \\ 5x+3y=21 \end{cases}$$

如同左式中，**由2個以上的方程式所組成的式子**，稱為**聯立方程式**。

解聯立方程式有2種方式（加減消去法與代入消去法），本單元首先會說明加減消去法。

加減消去法就是**把兩個方程式相加或相減來消去文字符號的解題方法**。

例題 1 試解下列聯立方程式。

$$\begin{cases} 7x+3y=27 \cdots\text{①} \\ 5x+3y=21 \cdots\text{②} \end{cases}$$

解答

利用把①的＋3y減去②的＋3y變成0的方式來解。
[（＋3y）－（＋3y）＝0]

把①的式子減去②的式子

把①減去②
$$\begin{array}{r} 7x+3y=27 \cdots\text{①} \\ -)\ 5x+3y=21 \cdots\text{②} \\ \hline 2x\quad\ \ =6 \\ x\quad\ \ =3 \end{array}$$
（兩式同除以2）

把 $x=3$ 代回到②的式子中（$5x+3y=21$）就會得到

$15+3y=21$，$3y=21-15$，

$3y=6$，$y=2$

答案：$x=3$、$y=2$

練習問題 1

試解下列聯立方程式。

(1) $\begin{cases} 4x - 5y = 11 \cdots ❶ \\ 2x + 3y = -11 \cdots ❷ \end{cases}$

(2) $\begin{cases} 5x + 2y = 1 \cdots ❶ \\ -8x - 3y = -3 \cdots ❷ \end{cases}$

解答

(1) 把❷的式子乘以2的話，無論是❶或❷的式子中都會有$4x$，因此就能用加減消去法來解題。

把❷的式子乘以2，結果如下：

❷　$2x + 3y = -11$
　↓2倍　↓2倍　↓2倍　　$(2x+3y) \times 2 = -11 \times 2$
❷×2　$4x + 6y = -22$

把❶的式子減去❷乘以2的式子

❶　　　$4x - 5y = 11$
❷×2　$-)\ 4x + 6y = -22$
　　　　$\overline{}$
　　　　　　$-11y = 33$
　　　　　　　　$y = -3$　　兩式同除以-11

把$y = -3$代回到❷的式子中就會得到

$2x - 9 = -11$
$2x = -11 + 9$
$2x = -2$
$x = -1$

答案：$x = -1$、$y = -3$

(2) 把❶的式子乘以3、❷的式子乘以2的話，就會得到$+6$與-6，因此就能用加減消去法來解題。

把❶的式子乘以3、❷的式子乘以2，兩式的結果如下：

❶　$5x + 2y = 1$
　↓3倍　↓3倍　↓3倍
❶×3　$15x + 6y = 3$

❷　$-8x - 3y = -3$
　↓2倍　↓2倍　↓2倍
❷×2　$-16x - 6y = -6$

把❶乘以3的式子加上❷乘以2的式子

❶×3　　　$15x + 6y = 3$
❷×2　$+)\ 16x - 6y = 6$
　　　　$\overline{}$
　　　　　　　$-x = 3$
　　　　　　　　$x = 3$　　兩式同除以-1

把$x = 3$代回到❶的式子中就會得到

$15 + 2y = 1$，$2y = 1 - 15$，
$2y = -14$，$y = -7$

答案：$x = 3$、$y = -7$

完美解題的關鍵

先整理容易計算的部分再解題！

練習問題1的第(2)題中，把y係數的絕對值整理成6後再進行解題。但是也可以把x係數的絕對值整理成40再來解題。

❶×8　　　$40x + 16y = 8$
❷×5　$+)\ -40x - 15y = -15$
　　　　$\overline{}$
　　　　　　　　　$y = -7$

如此一來，把x係數的絕對值整理成40也能解出答案。但是數字變大後也比較難解。所以請先考慮整理x與y哪一邊的係數會比較容易計算後，再來解題。

PART 5 ▶聯立方程式　　　　　　　　　　　　　　〈2年級〉

2 聯立方程式的解法 ②

> **非常重要！** 能妥善選擇**加減消去法**或**代入消去法**來解題！

2 代入消去法

代入消去法就是**將其中一式代入另一式來消去文字符號的解題方法**。

例題2 試解下列聯立方程式。

(1) $\begin{cases} x=3y-8 \cdots ❶ \\ 2x+5y=6 \cdots ❷ \end{cases}$

(2) $\begin{cases} 5x-2y=-6 \cdots ❶ \\ x-10=2y \cdots ❷ \end{cases}$

解答

(1) 把❶式代入❷式中消去x並解題。

把❶式代入❷式就會得到

$2(3y-8)+5y=6$

$6y-16+5y=6$

$6y+5y=6+16$，$11y=22$，$y=2$

$\begin{cases} x=\underline{3y-8} \cdots ❶ \\ 2\underline{x}+5y=6 \cdots ❷ \end{cases}$ 加上括號代入　去括號

把$y=2$代回到❶式中就會得到

$x=3\times 2-8=6-8=-2$

答案：$x=-2$、$y=2$

(2) 把❷式代入❶式中消去y並解題。

把❷式代入❶式就會得到

$5x-(x-10)=-6$

$5x-x+10=-6$

$5x-x=-6-10$，$4x=-16$，$x=-4$

$\begin{cases} \underline{x-10=2y} \cdots ❷ \\ 5x-\underline{2y}=-6 \cdots ❶ \end{cases}$ 加上括號代入　去括號

把$x=-4$代回到❷式中就會得到

$2y=-4-10=-14$

$y=-7$

答案：$x=-4$、$y=-7$

3 各種聯立方程式

到目前已經知道加減消去法與代入消去法等解聯立方程式的方法。

現在起，請試著使用這些方法來解各種聯立方程式。

練習問題 2

試解下列聯立方程式。

(1) $\begin{cases} -2(2x+7y)-3y=2 \cdots ❶ \\ x=-5y-2 \cdots ❷ \end{cases}$

(2) $\begin{cases} 0.5x+0.7y=-0.3 \cdots ❶ \\ \dfrac{5}{6}x+\dfrac{8}{9}y=2 \cdots ❷ \end{cases}$

解答

(1) → 含有**括號**的聯立方程式

把❶式的括號去掉並作整理，再使用**代入消去法**解題。

把❶式的括號去掉就會得到

$-4x-14y-3y=2$

$-4x-17y=2 \cdots ❸$

把❷式代入❸式就會得到

$-4(-5y-2)-17y=2$

$20y+8-17y=2$ ←去括號

$20y-17y=2-8 \; 、 \; 3y=-6 \; 、 \; y=-2$

把 $y=-2$ 代回到❷式中就會得到

$x=-5\times(-2)-2=10-2=8$

答案：$x=8$、$y=-2$

(2) → 含有**小數**或**分數**的聯立方程式

把❶與❷的係數化為整數，再使用加減消去法解題。

把❶的兩式乘以10就會得到

❶　　$0.5x + 0.7y = -0.3$
　　　↓10倍　↓10倍　↓10倍
❶×10　　$5x + 7y = -3$ ←將它設為第❸式

接下來，把❷的兩式乘以6和9的最小公倍數18，讓分母消去。

❷　　$\dfrac{5}{6}x + \dfrac{8}{9}y = 2$
　　　↓$\dfrac{5}{6}\times 18=15$　↓$\dfrac{8}{9}\times 18=16$　↓$2\times 18=36$
❷×18　　$15x + 16y = 36$ ←將它設為第❹式

把❸乘以3的式子減去❹的式子

❸×3　　　　$15x+21y = -9$
❹　　　$-)\;15x+16y = \;\;36$
　　　　　　　　　$5y = -45$
　　　　　　　　　$y = -9$

把 $y=-9$ 代回到❸的式子中就會得到

$5x+7\times(-9)=-3$

$5x-63=-3$

$5x=-3+63=60$

$x=12$

答案：$x=12$、$y=-9$

完美解題的關鍵

能妥善選擇加減消去法或代入消去法來解題！

練習問題2的第(1)題是使用代入消去法來解題，但是也可以使用加減消去法來解題。

把❶式的括號去掉並作整理，就會得到

$-4x-17y=2 \cdots ❸$

把❷式中右式的 $-5y$ 往左式移項，就會得到

$x+5y=-2 \cdots ❹$

計算 ❸+❹×4

❸　　　　　$-4x-17y = \;\;2$
❹×4　　$+)\;\;\;4x+20y = -8$
　　　　　　　　$3y = -6$
　　　　　　　　$y = -2$　（以下相同）

如此一來，幾乎所有的聯立方程式都可以選擇使用代入消去法或是加減消去法，任一種方法來解題。但是請妥善考慮**選擇哪一種方法才會比較容易解題**。

PART 5 ▶ 聯立方程式　　　　　　　　　　　　　　〈2年級〉

3 聯立方程式的應用題

> 非常重要！
> 用**3步驟解**聯立方程式的應用題！

1 聯立方程式的應用題（金額）

請用右方的3個步驟來解聯立方程式的應用題。

> 步驟 **1** 設欲求的事物為 x 與 y
> 步驟 **2** 依題意列出聯立方程式（2個方程式）
> 步驟 **3** 解聯立方程式

例題　若布丁1個300元，奶油泡芙1個200元，共買了11個，總共花了2500元。請問各買了幾個布丁和奶油泡芙？

解答　如下方所示，可用3步驟來解題。

步驟 1 設欲求的事物為 x 與 y
假設買了布丁 x 個、泡芙 y 個。

步驟 2 依題意列出聯立方程式（2個方程式）
因為布丁 x 個、泡芙 y 個加起來總共買了11個，所以可列出 $x+y=11$ ……❶
300元的布丁 x 個的金額為 $300 \times x = 300x$（元）
200元的奶油泡芙 y 個的金額為 $200 \times y = 200y$（元）

因為加起來總共花了2500元，所以可列出 $300x+200y=2500$ ……❷

根據上述內容，可以列出右方的聯立方程式。　$\begin{cases} x+y=11 \cdots\cdots❶ \\ 300x+200y=2500 \cdots\cdots❷ \end{cases}$

步驟 3 解聯立方程式

把❷的兩式除以100就會得到
$3x+2y=25$……❸

※請對照第55頁的解題關鍵

計算 ❶×3 − ❸
❶×3　　$3x+3y=33$
❸　　−)$3x+2y=25$
　　　　　　　$y=8$

把 $y=8$ 代回❶就會得到
$x+8=11$　　$x=11-8=3$

答案：布丁3個，奶油泡芙8個

完美解題的關鍵

將兩式整除成為較小的數字再計算！

例題 的聯立方程式也可以藉由加減消去法來解題，如下：

計算 ❶×300－❷

❶×300　　$300x + 300y = 3300$
❷　　　－)$300x + 200y = 2500$
　　　　　　　　　　　$100y = 800$
　　　　　　　　　　　　　$y = 8$

但是，如此一來數字就會變大，所以就容易計算錯誤，也相當耗時。

另外， 例題 的解答中※的部分，把❷的式子除以100，讓式子變簡單後，就可以運用加減消去法來解題。

根據上述內容可得知，每個係數的數字越小，就越容易計算。只不過，這個方法僅限於使用在式子中的兩式都能除以同一個數時。

2 聯立方程式的應用題（速度）

練習問題

從A地出發走向1400公尺之外的B地。一開始先以120公尺/分的速度來跑，中途改以80公尺/分的速度步行，全程共耗費15分鐘。請問跑步與步行的路程各為多少公尺？

解答　如下方所示，可用3步驟來解題。

步驟 1 設欲求的事物為x與y

假設跑步的路程為x公尺，步行的路程為y公尺。

步驟 2 依題意列出聯立方程式（2個方程式）

將問題狀況以下圖表示。

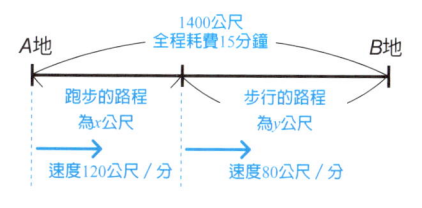

```
         1400公尺
        全程耗費15分鐘
A地 |―――――――――――――――| B地
    |  跑步的路程  |  步行的路程  |
    |   為x公尺   |   為y公尺   |
    | 速度120公尺/分 | 速度80公尺/分 |
```

- 首先，依照路程列出方程式。因為跑步的路程（x）與步行的路程（y）合計為1400公尺，所以

$$x + y = 1400 \cdots\cdots ❶$$

- 接下來，依照時間列出方程式。以120公尺/分的速度跑了x公尺的路程，由於「時間＝路程÷速度」，所以跑步的時間為

$$x \div 120 = \frac{x}{120} \text{（分）}$$

並且以80公尺/分的速度步行了y公尺的路程。由於「時間＝路程÷速度」，所以步行的時間為

$$y \div 80 = \frac{y}{80} \text{（分）}$$

跑步與步行的時間共耗費15分鐘。所以 $\frac{x}{120} + \frac{y}{80} = 15 \cdots\cdots ❷$

根據上述內容可以列出右方的聯立方程式。

$$\begin{cases} x + y = 1400 \cdots\cdots ❶ \\ \dfrac{x}{120} + \dfrac{y}{80} = 15 \cdots\cdots ❷ \end{cases}$$

步驟 3 解聯立方程式

把❷的式子乘以120和80的最小公倍數240，讓分母消去，就會得到 $2x + 3 = 3600 \cdots\cdots ❸$

計算 ❸－❶×2

❸　　　　$2x + 3y = 3600$
❶×2　－)$2x + 2y = 2800$
　　　　　　　　$y = 800$

把y＝800代回到❶的式子中就會得到
$x + 800 = 1400$
$x = 1400 - 800 = 600$

答案：跑步的路程 600 公尺，走路的路程 800 公尺

PART 6 ▶ 一次函數 〈2年級〉

1 一次函數與圖形

非常重要！ 用3步驟畫出一次函數圖形！

1 什麼是一次函數

藉由右方公式表示 x 與 y 時，則稱「y 為 x 的一次函數」。

此時，$y = ax + b$ 中的 a 稱為斜率，b 稱為 y 截距。例如，假設 $y = -2x - 3$ 的話，斜率則為 -2、y 截距則為 -3。

一次函數式 → $y = ax + b$

$$y = ax + b$$
　　斜率　y 截距

2 一次函數圖形的畫法

可以用3步驟畫出一次函數圖形。

步驟 1 一次函數 $y = ax + b$ 的圖形通過 $(0, b)$
（例如：假設是 $y = 3x + 2$ 的圖形則通過 $(0, 2)$）

步驟 2 將適當的整數代入 x 中，就能找到直線通過的點（另一點）

步驟 3 將兩點連接成一直線

完美解題的關鍵

一次函數 $y = ax + b$ 的圖形通過 $(0, b)$ 的理由！

說明關於上述**步驟 1**中「一次函數 $y = ax + b$ 的圖形通過 $(0, b)$」的理由。

一旦將0代入 $y = ax + b$ 的 x 中，將如下方所示：
$y = a \times 0 + b = b$

因此，$y = ax + b$ 的圖形通過 $(0, b)$。這表示圖形和 y 軸的交點。

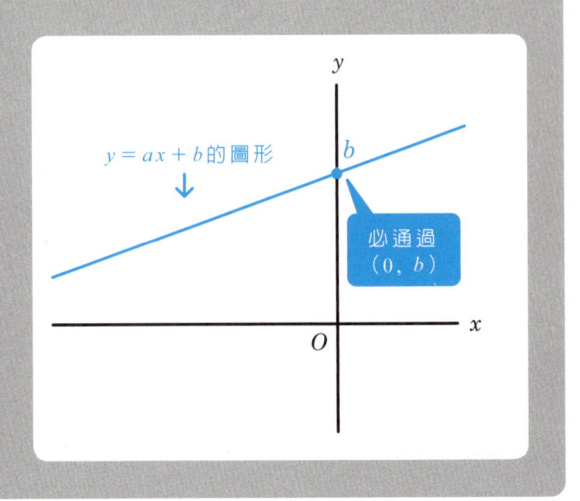

$y = ax + b$ 的圖形 ↓

必通過 $(0, b)$

例題　請畫出 $y=2x-4$ 的圖形。

解答　可以用3步驟畫出 $y=2x-4$ 的圖形。

步驟 1　一次函數 $y=ax+b$ 的圖形通過 $(0, b)$
　　　　$y=2x-4$ 的圖形則通過 $(0, -4)$。

步驟 2　將適當的整數代入 x 中，就能找到直線通過的點（另一點）

例如：將3代入 $y=2x-4$ 的 x 中就會得到 $y=2\times 3-4=2$

這表示 $y=2x-4$ 的圖形通過 $(3, 2)$。

步驟 3　將兩點連接成一直線

將上面2步驟所求出的 $(0, -4)$ 與 $(3, 2)$ 連接成一直線，就能畫出 $y=2x-4$ 的圖形，如上圖所示。

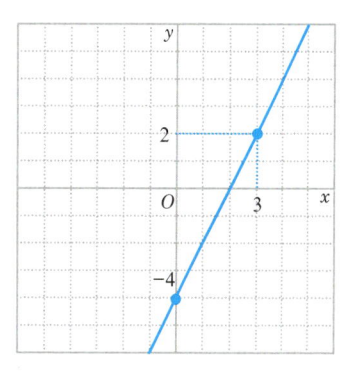

練習問題

請畫出 $y=-\dfrac{3}{4}x+1$ 的圖形。

解答

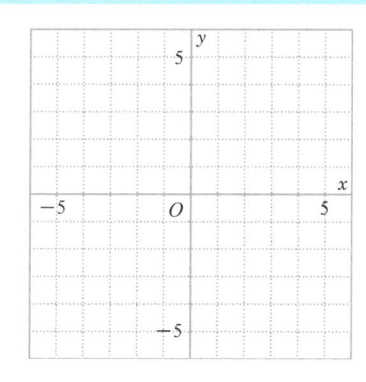

可以用3步驟畫出 $y=-\dfrac{3}{4}x+1$ 的圖形。

步驟 1　一次函數 $y=ax+b$ 的圖形通過 $(0, b)$
　　　　$y=-\dfrac{3}{4}x+1$ 的圖形通過 $(0, 1)$。

步驟 2　將適當的整數代入 x 中，就能找到直線通過的點（另一點）

將4代入 $y=-\dfrac{3}{4}x+1$ 的 x 中就會得到 $y=-\dfrac{3}{4}\times 4+1=-3+1=-2$

這表示 $y=-\dfrac{3}{4}x+1$ 的圖形通過 $(4, -2)$。

※依照此次練習問題的情況，為了讓 y 值化為整數，則必須將4的倍數代入 x 中。

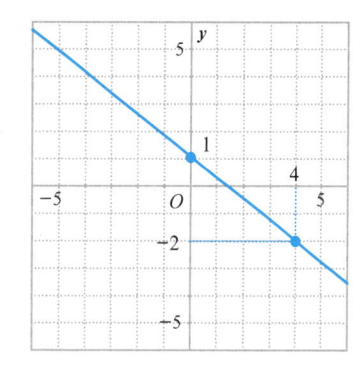

步驟 3　將兩點連接成一直線

將上面2步驟所求出的 $(0, 1)$ 與 $(4, -2)$ 連接成一直線，就能畫出 $y=-\dfrac{3}{4}x+1$ 的圖形，如上方所示。

PART 6 一次函數

PART 6 ▶ 一次函數　　　〈2年級〉

2 求一次函數式的方法

非常重要!

將一次函數式放入 $y = ax + b$ 中解題！

一起來解開求一次函數式的問題。

例題1 若函數圖形的斜率為 -3，且通過點 $(1, -5)$，求此一次函數式。

解答

由於函數圖形的斜率為 -3，所以可用 $y = -3x + b$ 來表示此一次函數式。
如果能知道 b，就能求出此一次函數。
由於函數圖形通過點 $(1, -5)$，所以將 $x = 1$、$y = -5$ 代入 $y = -3x + b$ 中，就會得到
$-5 = -3 \times 1 + b$
$-5 = -3 + b$
$b = -5 + 3 = -2$
所以此一次函數式為 $y = -3x - 2$

完美解題的關鍵

藉由函數圖形來求直線函數式的3步驟！
接下來，**例題2**中將出現藉由函數圖形求直線函數式的問題，請用3步驟來解題。

步驟 1 將所求的一次函數放入 $y = ax + b$ 中

步驟 2 因為直線函數的圖形與 y 軸相交於點 $(0, b)$，所以可以求出 b

步驟 3 找出直線函數的圖形所通過的點，並將點坐標代入求出 a

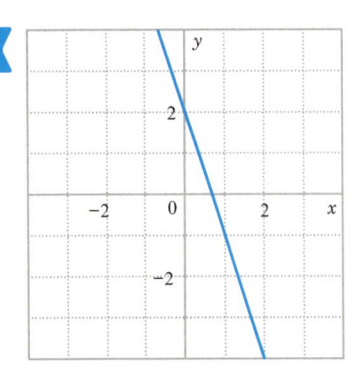

例題2 試求左圖的直線函數式。

解答

步驟 1 將所求的一次函數放入 $y=ax+b$ 中

如果能知道 a 與 b 的值，就能求出此一次函數式。

步驟 2 因為直線函數的圖形與 y 軸相交於點 $(0, b)$，所以可以求出 b

由於直線函數的圖形與 y 軸相交於點 $(0, 2)$，所以 b 為 2，因此可用 $y=ax+2$ 來表示。

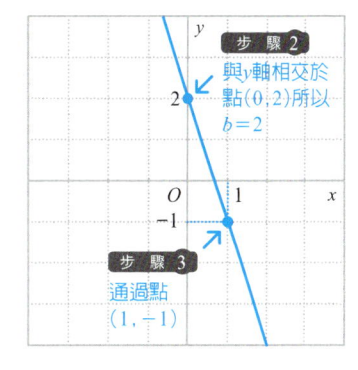

步驟 3 找出直線函數的圖形所通過的點，並將點坐標代入求出 a

看到直線函數的圖形，就會知道圖形通過點 $(1, -1)$，所以將 $x=1$、$y=-1$ 代入 $y=ax+2$ 中，就會得到

$-1 = a \times 1 + 2$

$a = -1 - 2 = -3$

$a = -3$ 所以直線函數式為 $y = -3x+2$

> **步驟 2** 與 y 軸相交於點 $(0, 2)$ 所以 $b=2$
>
> **步驟 3** 通過點 $(1, -1)$

完美解題的關鍵

藉由2點坐標來求直線函數式的3步驟！

接下來， 例題3 中將出現藉由兩點坐標求直線函數式的問題，請用3步驟來解題。

步驟 1 將所求的一次函數放入 $y=ax+b$ 中

步驟 2 將兩點坐標分別代入 $y=ax+b$ 中，並列出聯立方程式

步驟 3 解聯立方程式，求出直線函數式

例題

y 為 x 的一次函數，它的函數圖形通過 $(-1, -5)$ 與 $(2, 7)$ 兩點，試求此一次函數式。

解答

步驟 1 將所求的一次函數放入 $y=ax+b$ 中

如果能知道 a 與 b 的值，就能求出此一次函數。

步驟 2 將兩點坐標分別代入 $y=ax+b$ 中，並列出聯立方程式

由於函數圖形通過點 $(-1, -5)$，所以將 $x=-1$、$y=-5$ 代入 $y=ax+b$ 中，就會得到

$-5 = -a+b$ ……❶

由於函數圖形通過點 $(2, 7)$，所以將 $x=2$、$y=7$ 代入 $y=ax+b$ 中，就會得到

$7 = 2a+b$ ……❷

步驟 3 解聯立方程式，求出直線函數式

解 ❶ 與 ❷ 的聯立方程式，就會得到

$a=4$、$b=-1$

所以直線函數式為 $y = 4x - 1$

PART 6 ▶ 一次函數　〈2年級〉

3 交點坐標的求法

非常重要！

求**兩直線的交點坐標**必須解**聯立方程式**。

例題1 已知有兩直線，其直線函數式分別為 $y=-x+2$ 與 $y=2x-3$，求兩直線的交點坐標。

解答

將兩個直線函數式 $y=-x+2$ 與 $y=2x-3$，設為下列聯立方程式，並解聯立方程式。所求得的 x、y 即為交點坐標。

$$\begin{cases} y=-x+2 \cdots\cdots ❶ \\ y=2x-3 \cdots\cdots ❷ \end{cases}$$

以代入消去法解聯立方程式。

❶式為 $y=-x+2$，因此將❷的 y 以 $-x+2$ 代入，就會得到

$$-x+2=2x-3$$
$$-x-2x=-3-2$$
$$-3x=-5$$
$$x=\frac{5}{3}$$

將 $x=\frac{5}{3}$ 代回到❶式中，就會得到

$$y=-\frac{5}{3}+2=\frac{1}{3}$$

答案：$\left(\frac{5}{3}, \frac{1}{3}\right)$

完美解題的關鍵

藉由函數圖形來求兩直線交點的2步驟！
接下來，**例題2** 中將出現藉由函數圖形來求兩直線交點的問題，請用2步驟來解題。

步驟 1 分別求出兩直線函數式

步驟 2 解兩直線函數式的聯立方程式，來求交點坐標

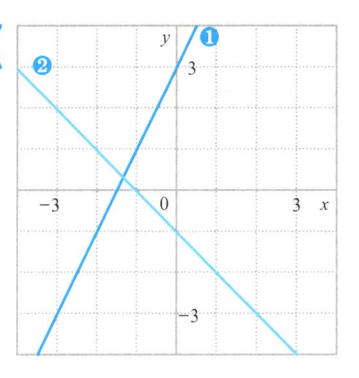

例題 2 試求左圖中直線❶與❷的交點坐標。

解答

步驟 1 分別求出兩直線函數式

❶的直線通過點 $(0, 3)$，所以可知 $y = ax + 3$。

❶的直線通過點 $(-2, -1)$。

所以將 $x = -2$、$y = -1$ 代入 $y = ax + 3$ 中，就會得到

$-1 = -2a + 3$

解此方程式，即可求出 $a = 2$，因此❶的直線函數式為 $y = 2x + 3$。

❷的直線通過點 $(0, -1)$，所以可知 $y = ax - 1$。

❷的直線通過點 $(1, -2)$。

所以將 $x = 1$、$y = -2$ 代入 $y = ax - 1$ 中，就會得到

$-2 = a - 1$

解此方程式，即可求出 $a = -1$，因此❷的直線函數式為 $y = -x - 1$

步驟 2 解兩直線函數式的聯立方程式，來求交點坐標

依據 步驟 1 的結果，可列出下列聯立方程式。

$$\begin{cases} y = 2x + 3 \cdots \text{❶} \\ y = -x - 1 \cdots \text{❷} \end{cases}$$

將❶式代入❷式中，就會得到

$2x + 3 = -x - 1$，$2x + x = -1 - 3$，$3x = -4$，$x = -\dfrac{4}{3}$

$x = -\dfrac{4}{3}$ 代回到❶式中，就會得到

$y = 2 \times \left(-\dfrac{4}{3}\right) + 3 = -\dfrac{8}{3} + 3 = \dfrac{1}{3}$

答案：$\left(-\dfrac{4}{3}, \dfrac{1}{3}\right)$

理解了 例題 的解題方式後，請遮住答案，自己試著重新再寫一次。

PART 7 ▶ 平方根 〈3年級〉

1 什麼是平方根

> 非常重要！
> 必須掌握每個正數都**有2個平方根**！

1 什麼是平方根

當數a為某數的2次方時，我們就稱某數為a的平方根。

例如，5的2次方為$5^2=25$。

而-5的2次方也為$(-5)^2=25$。

所以25的平方根為5與-5。

$$5 與 -5 \xrightleftharpoons[\text{平方根}]{\text{2次方}} 25$$

如此一來，可知每個正數都有2個平方根，而且這2個平方根的絕對值相等而符號相反。
例如，25的平方根為5與-5，絕對值都為5，但符號相反。

例題1 試求下列各數的平方根。

(1) 64　　　(2) $\dfrac{36}{49}$　　　(3) 0

解答

(1) $8^2=64$、$(-8)^2=64$，所以64的平方根為**8與-8**。

(2) $\left(\dfrac{6}{7}\right)^2=\dfrac{36}{49}$、$\left(-\dfrac{6}{7}\right)^2=\dfrac{36}{49}$，所以$\dfrac{36}{49}$的平方根為$\dfrac{6}{7}$與$-\dfrac{6}{7}$。

(3) $0^2=0$，所以0的平方根為**0**。

從 例題1 的第(3)題中可以得知，0的平方根為0。
另外，因為任何數的平方都不會變成負，所以負數沒有平方根。

2 √ (根號)的使用法則

當a為正數時，a的平方根有2個，正、負各1。

a的2個平方根中，

將正的一方以 $\sqrt{a}$ 表示（讀作根號a）

負的一方以 $-\sqrt{a}$ 表示（讀作負根號a）

√ 稱為**平方根**，讀作根號。

另外$\sqrt{a}$與$-\sqrt{a}$合在一起，也可以用$\pm\sqrt{a}$來表示。（讀作正負根號a）

例題2 試求下列各數的平方根，必要時請使用根號表示。

(1) 2　　　　(2) 4

解答

(1) 2的平方根為$\sqrt{2}$與$-\sqrt{2}$（或是$\pm\sqrt{2}$）

(2) 4的平方根為2與-2（或是± 2）

完美解題的關鍵

不用√就能表示的時候，請不要使用√！

請注意 例題2 的第(2)題中，若是用$\sqrt{4}$與$-\sqrt{4}$（或是$\pm\sqrt{4}$）當作4的平方根來回答問題時，答案會是錯誤的。

這是因為，4的平方根就算不用√，也可以用整數2與-2（或是± 2）來表示。√中的數如果是某整數的2次方，不使用√就能表示。以$\sqrt{4}$為例，4為「2的2次方」，所以不用「$\sqrt{4}$」，用「2」就能表示。

因此不用√就能表示的時候，請不要使用√。

練習問題

試求下列各數的平方根，必要時請使用根號表示。

(1) 100　　(2) 10　　(3) 3.6　　(4) 0.09　　(5) $\dfrac{2}{3}$

解答

(1) 100的平方根為10與-10（或是± 10）

(2) 10的平方根為$\sqrt{10}$與$-\sqrt{10}$（或是$\pm\sqrt{10}$）

(3) 3.6的平方根為$\sqrt{3.6}$與$-\sqrt{3.6}$（或是$\pm\sqrt{3.6}$）

(4) 0.09的平方根為0.3與-0.3（或是± 0.3）

(5) $\dfrac{2}{3}$的平方根為$\sqrt{\dfrac{2}{3}}$與$-\sqrt{\dfrac{2}{3}}$（或是$\pm\sqrt{\dfrac{2}{3}}$）

PART 7 ▶ 平方根 〈3年級〉

2 不用 √ 表示

> **非常重要！** 請掌握 $(\sqrt{a})^2$ 與 $(-\sqrt{a})^2$ 兩者都是 a！

例如，$\sqrt{36}$ 是用來表示36的正平方根，所以 $\sqrt{36}=6$。
$-\sqrt{36}$ 是用來表示36的負平方根，所以 $-\sqrt{36}=-6$。
如此一來，有的時候不用根號（ $\sqrt{}$ ）也能夠表示平方根。

例題1 請不用根號表示下列各數。

(1) $\sqrt{9}$ (2) $-\sqrt{16}$

解答

(1) $\sqrt{9}$ 是用來表示9的正平方根，所以 $\sqrt{9}=\mathbf{3}$
(2) $-\sqrt{16}$ 是用來表示16的負平方根，所以 $-\sqrt{16}=\mathbf{-4}$

練習問題1

請不用根號表示下列各數。

(1) $\sqrt{81}$ (2) $-\sqrt{25}$ (3) $\sqrt{0.64}$ (4) $-\sqrt{\dfrac{49}{100}}$

解答

(1) $\sqrt{81}$ 是用來表示81的正平方根，所以 $\sqrt{81}=9$
(2) $-\sqrt{25}$ 是用來表示25的負平方根，所以 $-\sqrt{25}=-5$
(3) $\sqrt{0.64}$ 是用來表示0.64的正平方根，所以 $\sqrt{0.64}=0.8$
(4) $-\sqrt{\dfrac{49}{100}}$ 是用來表示 $\dfrac{49}{100}$ 的負平方根，所以 $-\sqrt{\dfrac{49}{100}}=-\dfrac{7}{10}$

完美解題的關鍵

請掌握平方根的2種形式！

舉例來說，7的平方根為$\sqrt{7}$與$-\sqrt{7}$。
也就是說，$\sqrt{7}$與$-\sqrt{7}$無論哪一個的2次方都是7。

$(\sqrt{7})^2 = 7 \qquad (-\sqrt{7})^2 = 7$

從這個例子可以得知下列式子成立。

$(\sqrt{a})^2 = a \qquad (-\sqrt{a})^2 = a$

$$\sqrt{a} \text{ 與 } -\sqrt{a} \xrightleftharpoons[\text{平方根}]{\text{2次方}} a$$

例題2　請不用根號表示下列各數。

(1) $(\sqrt{3})^2$　　(2) $(-\sqrt{21})^2$

解答

(1) 藉由$(\sqrt{a})^2 = a$的公式可得出$(\sqrt{3})^2 = \underline{3}$

(2) 藉由$(-\sqrt{a})^2 = a$的公式可得出$(-\sqrt{21})^2 = \underline{21}$

練習問題2

請不用根號表示下列各數。

(1) $(\sqrt{19})^2$　　(2) $(-\sqrt{7})^2$　　(3) $-(-\sqrt{11})^2$　　(4) $\left(-\sqrt{\dfrac{3}{7}}\right)^2$

解答

(1) 藉由$(\sqrt{a})^2 = a$的公式可得出$(\sqrt{19})^2 = \underline{19}$

(2) 藉由$(-\sqrt{a})^2 = a$的公式可得出$(-\sqrt{7})^2 = \underline{7}$

(3) 藉由$(-\sqrt{a})^2 = a$的公式可得出$-(-\sqrt{11})^2 = \underline{-11}$

(4) 藉由$(-\sqrt{a})^2 = a$的公式可得出$\left(-\sqrt{\dfrac{3}{7}}\right)^2 = \underline{\dfrac{3}{7}}$

※第(3)題中$(-\sqrt{11})^2 = 11$，但括號前還有負號，所以加上－後答案為－11。

想了解更多的數學專欄　將平方根寫成小數形式時？

舉例來說，將$\sqrt{2}$寫成小數形式時，小數點之後的數字有無限多個，並且不會循環，即為無限不循環小數，就像1.41421356⋯。因此請記住$\sqrt{2}$、$\sqrt{3}$、$\sqrt{5}$的平方根近似值「口訣」。如此一來，看到相關問題時只要聯想到口訣就能解題。

平方根近似值的「口訣」

$\sqrt{2} = 1.41421356\cdots$【意思意思】

$\sqrt{3} = 1.7320508\cdots$【一妻三兒】

$\sqrt{5} = 2.2360679\cdots$【二兒上樓】

PART 7　平方根

PART 7 ▶ 平方根 〈3年級〉

3 平方根的乘法與除法

非常重要！ 請掌握平方根的乘法與除法公式。

1 平方根的乘法

請使用右方公式來計算平方根的乘法。

$$\sqrt{a} \times \sqrt{b} = \sqrt{ab}$$

例題1 請計算下列問題。

$\sqrt{3} \times \sqrt{5} =$

解答

$\sqrt{3} \times \sqrt{5} = \sqrt{3 \times 5} = \sqrt{15}$

練習問題 1

請計算下列問題。

(1) $\sqrt{17} \times \sqrt{3} =$　　(2) $-\sqrt{18} \times \sqrt{2} =$

解答

(1) $\sqrt{17} \times \sqrt{3} = \sqrt{17 \times 3} = \sqrt{51}$

(2) $-\sqrt{18} \times \sqrt{2} = -\sqrt{18 \times 2} = -\sqrt{36} = -6$

$36 = 6^2$ 所以請不要使用 $\sqrt{}$，以整數表示

完美解題的關鍵

請掌握 $a \times \sqrt{b} = a\sqrt{b}$

舉例來說，有時可以將 $3 \times \sqrt{2} = \sqrt{2} \times 3$ 中的 × 省略，並寫作 $3\sqrt{2}$（不寫作 $\sqrt{2}3$）。

請掌握當出現像 $a\sqrt{b}$ 的形式時，是因為 a 與 $\sqrt{b}$ 之間省略了 × 號。

2 平方根的除法

請使用右方公式來計算平方根的除法。

$$\sqrt{a} \div \sqrt{b} = \frac{\sqrt{a}}{\sqrt{b}} = \sqrt{\frac{a}{b}}$$

例題2 請計算下列問題。

$\sqrt{21} \div \sqrt{3} =$

解答

$\sqrt{21} \div \sqrt{3} = \dfrac{\sqrt{21}}{\sqrt{3}} = \sqrt{\dfrac{21}{3}} = \sqrt{7}$

練習問題 2

請計算下列問題。

(1) $\sqrt{55} \div \sqrt{5} =$ 　　　　(2) $\sqrt{8} \div (-\sqrt{2}) =$

解答

(1) $\sqrt{55} \div \sqrt{5} = \dfrac{\sqrt{55}}{\sqrt{5}} = \sqrt{\dfrac{55}{5}} = \sqrt{11}$

(2) $\sqrt{8} \div (-\sqrt{2}) = -\dfrac{\sqrt{8}}{\sqrt{2}} = -\sqrt{\dfrac{8}{2}} = -\sqrt{4} = -2$

　　　　　　　　　　$4 = 2^2$所以請不要使用$\sqrt{\ }$，以整數表示

3 改變$a\sqrt{b}$以及分數的形式

在 **完美解題的關鍵** 中已說明過$a\sqrt{b} = a \times \sqrt{b}$。若再將$ab$作變化，就會得到下列形式。

$a\sqrt{b} = a \times \sqrt{b} = \sqrt{a^2} \times \sqrt{b} = \sqrt{a^2 b}$

將a改變為$\sqrt{a^2}$的形式

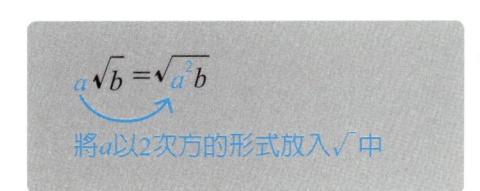

$a\sqrt{b} = \sqrt{a^2 b}$

將a以2次方的形式放入$\sqrt{\ }$中

如此一來，就會得到右方的公式。

例題3 請以$\sqrt{a}$的形式表示下列各數。

(1) $3\sqrt{5}$ 　　　　　　　　(2) $\dfrac{\sqrt{24}}{2}$

解答

(1) $3\sqrt{5}$
$= \sqrt{3^2 \times 5}$
$= \sqrt{9 \times 5} = \sqrt{45}$

將3以2次方的形式放入$\sqrt{\ }$中 ($a\sqrt{b} = \sqrt{a^2 b}$)

(2) $\dfrac{\sqrt{24}}{2}$
$= \dfrac{\sqrt{24}}{\sqrt{4}}$
$= \sqrt{\dfrac{24}{4}}$
$= \sqrt{6}$

將2改變為$\sqrt{4}$的形式

$\dfrac{\sqrt{a}}{\sqrt{b}} = \sqrt{\dfrac{a}{b}}$

進行約分

理解了 **例題** 的解題方式後，請遮住答案，自己試著重新再寫一次。

PART 7 ▶ 平方根 〈3年級〉

4 質因數分解

> **非常重要！** 將**質數**按照順序來除，並進行**質因數分解**。

1 什麼是質數

舉例來說，2的因數只有兩個，一個是1，另一個是自己。而5的因數也只有1和自己。像2跟5一樣，**除了1和本身就沒有其他因數的數**稱為質數。

換句話說，**只有2個因數的數**就可以算是質數。

但1的因數只有1個，所以1不是質數。

例如1到20中，總共有2、3、5、7、11、13、17、19等8個質數。

2 什麼是質因數分解

把一個自然數分解成質數的乘積，其過程稱為質因數分解。

以15為例，可以將15像15=3×5這樣，以質數的乘積來表示，這就是質因數分解。

例題 請將90作質因數分解。

解答 請依照下列順序進行質因數分解。

① 先找出能將90整除的質數。90可以被質數2整除，所以請先將90除以2開始分解，如右方所示。

$$\begin{array}{r}2\overline{)90}\\45\end{array}$$ ←90÷2的答案

② 找出能將45整除的質數。45可以被質數3整除，所以請將45除以3開始分解，如右方所示。

$$\begin{array}{r}2\overline{)90}\\3\overline{)45}\\15\end{array}$$ ←45÷3的答案

③找出能將15整除的質數。15可以被質數3整除，所以請將15除以3開始分解，如右方所示。商（除法的答案）為5，5是質數，所以到此就可以停止分解。如此一來可得知，如果商是質數時，請停止分解。

```
2 ) 90
3 ) 45
3 ) 15
      5    ← 15÷3的答案
```

5為質數，所以到此停止分解

④經由上述步驟，將原來的數90，以L型排列的質數的積進行分解。也就是說，已經完成了90的質因數分解。

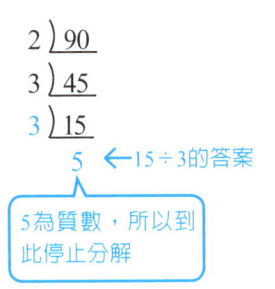

```
2 ) 90
3 ) 45
3 ) 15
      5
```
→ $90 = 2\times 3\times 3\times 5$
   $= 2\times 3^2 \times 5$

質數以L型排列

↑ 答案

完美解題的關鍵

無論先除以哪一個數，最後得到的答案都相同！

例題的說明當中，將90作質因數分解時，由小到大依序除以質數2、3、3、5。

但是，如下方所示，以不同的順序進行分解時，最後的答案也相同！

```
5 ) 90
3 ) 18
2 ) 6
      3
```
→ $90 = 5\times 3\times 2\times 3$
   $= 2\times 3^2 \times 5$ ←最後的答案都相同

也就是說，無論先除以哪一個數，最後的答案都相同。

只不過，由小到大依序進行分解的話，比較容易找出作為除數的質數。所以進行質因數分解時，還是盡可能由小到大依序來除原數。

※本單元所學習的「質因數分解」，與之後會學到的「因式分解」是兩種不同的問題，請注意不要搞混了。

PART 7 平方根

練習問題

請將下列各數作質因數分解。

(**1**) 108　　　　　(**2**) 560

解答

(1)
```
2 )108
2 ) 54
3 ) 27
3 )  9
      3
```
→ $108 = 2\times 2\times 3\times 3\times 3$
      $= 2^2 \times 3^3$

(2)
```
2 )560
2 )280
2 )140
2 ) 70
5 ) 35
      7
```
→ $560 = 2\times 2\times 2\times 2\times 5\times 7$
      $= 2^4 \times 5\times 7$

69

PART 7 ▶ 平方根 ⟨3年級⟩

5 $a\sqrt{b}$ 的相關計算

非常重要！

將 $\sqrt{}$ 內的2次方數，去掉2次方後提到 $\sqrt{}$ 外。

1 $a\sqrt{b}$ 的變化形式

從第67頁中的說明得知下列公式可以成立。

$$a\sqrt{b} = \sqrt{a^2 b}$$

將此公式中的兩式互換後，下列公式也可以成立。

$$\sqrt{a^2 b} = a\sqrt{b}$$

去掉2次方後提到 $\sqrt{}$ 外

這就是「將 $\sqrt{}$ 內的2次方數，去掉2次方後提到 $\sqrt{}$ 外」的公式。運用此公式解出下列例題。

例題1 以 $a\sqrt{b}$ 的形式表示下列各數。

(1) $\sqrt{12}$ (2) $\sqrt{180}$

解答

(1) $\sqrt{12}$
　　$= \sqrt{2^2 \times 3}$　　將12作質因數分解
　　$= 2\sqrt{3}$　　將2去掉2次方後提到 $\sqrt{}$ 外
　　　　　　　($\sqrt{a^2 b} = a\sqrt{b}$)

(2) $\sqrt{180}$
　　$= \sqrt{2 \times 2 \times 3 \times 3 \times 5}$　　將180作質因數分解
　　$= \sqrt{2 \times 3 \times 2 \times 3 \times 5}$　　重新整理
　　　　　　6　　　6
　　$= \sqrt{6^2 \times 5}$
　　$= 6\sqrt{5}$　　將6去掉2次方後提到 $\sqrt{}$ 外
　　　　　　($\sqrt{a^2 b} = a\sqrt{b}$)

完美解題的關鍵

盡可能將 $a\sqrt{b}$ 中的 b 化為較小的數字！

以 例題1 的第（2）題為例，也可以只將2提到 $\sqrt{}$ 外。

$\sqrt{180}$
$=\sqrt{2^2 \times 45}$
$=2\sqrt{45}$

將2提到 $\sqrt{}$ 外

如此一來，就會變成像是 $\sqrt{180}=2\sqrt{45}$ 的形式。雖然也是以 $a\sqrt{b}$ 的形式表示，但是如果考試時這樣作答的話，就會被批改成△（注意）或是✕（錯誤）。

這是因為有「盡可能將 $a\sqrt{b}$ 中的 b 化為較小的數字」這樣的規則存在。

像第（2）題的說明中，將 $\sqrt{180}$ 以 $6\sqrt{5}$ 的形式表示，請盡可能將 $a\sqrt{b}$ 中的 b 化為較小的數字來回答。

2 答案為 $a\sqrt{b}$ 的乘法

一起來看看關於答案為 $a\sqrt{b}$ 的乘法。

關鍵在進行乘法前先作質因數分解。

例題2 請計算下列問題。

(1) $\sqrt{28} \times \sqrt{18} =$ 　　(2) $\sqrt{15} \times \sqrt{10} =$ 　　(3) $4\sqrt{6} \times 3\sqrt{15} =$

解答

(1) $\sqrt{28} \times \sqrt{18}$
$= 2\sqrt{7} \times 3\sqrt{2}$
$= 2 \times 3 \times \sqrt{7} \times \sqrt{2}$
$= 6\sqrt{14}$

進行乘法前，先將28與18作質因數分解，將2數都變成 $a\sqrt{b}$ 的形式

重新整理

$\sqrt{}$ 外與 $\sqrt{}$ 內分別進行乘法

(2) $\sqrt{15} \times \sqrt{10}$
$= \sqrt{3 \times 5} \times \sqrt{2 \times 5}$
$= \sqrt{3 \times 5 \times 2 \times 5}$
$= \sqrt{5^2 \times 6}$
$= 5\sqrt{6}$

進行乘法前，先將15與10作質因數分解

將5提到 $\sqrt{}$ 外

※第（1）題中

像 $\sqrt{28} \times \sqrt{18} = \sqrt{28 \times 18} = \sqrt{504} = \sqrt{6^2 \times 14} = 6\sqrt{14}$ 這樣，先將28與18相乘也可以得到答案。

但是，如此一來，要從 $\sqrt{504}$ 變成 $6\sqrt{14}$ 的形式就非常麻煩。

所以在進行乘法前先作質因數分解，計算起來就會比較輕鬆。

(3) $4\sqrt{6} \times 3\sqrt{15}$
$= 4\sqrt{2 \times 3} \times 3\sqrt{3 \times 5}$
$= 4 \times 3 \times \sqrt{2 \times 3 \times 3 \times 5}$
$= 12 \times \sqrt{3^2 \times 10}$
$= 12 \times 3\sqrt{10}$
$= 36\sqrt{10}$

進行乘法前，先將6與15作質因數分解

將3提到 $\sqrt{}$ 外
（$\sqrt{a^2 b} = a\sqrt{b}$）

理解了 例題 的解題方式後，請遮住答案，自己試著重新再寫一次。

PART 7 ▶ 平方根 〈3年級〉

6 分母有理化

> **非常重要！** 分母為 $\sqrt{a}$ 或 $k\sqrt{a}$ 的時候，將**分母與分子同乘以 $\sqrt{a}$**，進行有理化。

1 什麼是分母的有理化

將分母變化為不含根號（$\sqrt{}$）的形式，稱為分母**有理化**。

分母為 $\sqrt{a}$ 或 $k\sqrt{a}$ 的時候，將分母與分子同乘以 $\sqrt{a}$，就能將分母有理化。

例題 有理化下列各數的分母。

(1) $\dfrac{\sqrt{3}}{\sqrt{5}}$ (2) $\dfrac{2}{3\sqrt{2}}$ (3) $\dfrac{14}{\sqrt{63}}$

解答

(1)
$$\dfrac{\sqrt{3}}{\sqrt{5}} = \dfrac{\sqrt{3} \times \sqrt{5}}{\sqrt{5} \times \sqrt{5}} = \dfrac{\sqrt{15}}{(\sqrt{5})^2} = \dfrac{\sqrt{15}}{5}$$

↑ 將分母與分子同乘以 $\sqrt{5}$ $(\sqrt{a})^2 = a$

(2)
$$\dfrac{2}{3\sqrt{2}} = \dfrac{2 \times \sqrt{2}}{3\sqrt{2} \times \sqrt{2}} = \dfrac{2 \times \sqrt{2}}{3 \times (\sqrt{2})^2} = \dfrac{\overset{1}{\cancel{2}} \times \sqrt{2}}{3 \times \underset{1}{\cancel{2}}} = \dfrac{\sqrt{2}}{3}$$

↑ 將分母與分子同乘以 $\sqrt{2}$ ↑ 進行約分

(3)
$$\dfrac{14}{\sqrt{63}} = \dfrac{14}{3\sqrt{7}} = \dfrac{14 \times \sqrt{7}}{3\sqrt{7} \times \sqrt{7}} = \dfrac{\overset{2}{\cancel{14}} \times \sqrt{7}}{3 \times \underset{1}{\cancel{7}}} = \dfrac{2\sqrt{7}}{3}$$

↑ 化為 $a\sqrt{b}$ 的形式   ↑ 將分母與分子同乘以 $\sqrt{7}$ ↑ 進行約分

完美解題的關鍵

化為 $a\sqrt{b}$ 的形式後，再進行有理化！

例題 第(3)題的解說中，先將分母 $\sqrt{63}$ 化為 $3\sqrt{7}$（$a\sqrt{b}$ 的形式）後，再將分母與分子同乘以 $\sqrt{7}$，進行有理化。

另一方面，直接將分母與分子同乘以 $\sqrt{63}$，也可以進行有理化，如下方所示。

只不過如此一來，過程中所出現的算式將會越變越大。所以比較建議先將分母化為 $a\sqrt{b}$ 的形式後，再進行有理化並解題。

$$\frac{14}{\sqrt{63}} = \frac{14 \times \sqrt{63}}{\sqrt{63} \times \sqrt{63}} = \frac{14 \times \sqrt{3^2 \times 7}}{(\sqrt{63})^2} = \frac{\overset{2}{14} \times \overset{1}{3} \times \sqrt{7}}{\underset{3}{63}} = \frac{2\sqrt{7}}{3}$$

↑ 將分母與分子同乘以 $\sqrt{63}$　　　　↑ 進行約分

2 需要有理化的平方根除法

一起來練習需要有理化的平方根除法。

不只是除法，在所有的算式當中，如果分母含有 $\sqrt{}$ 時，請將分母有理化後再作答。

如果不將分母變化為不含（$\sqrt{}$）的形式就直接作答，也算是錯誤的，所以請一定要注意。

練習問題

請計算下列問題。

(1) $\sqrt{3} \div \sqrt{2} =$　　　　(2) $-\sqrt{5} \div 2\sqrt{6} =$

解答

(1) $\sqrt{3} \div \sqrt{2} = \dfrac{\sqrt{3}}{\sqrt{2}} = \dfrac{\sqrt{3} \times \sqrt{2}}{\sqrt{2} \times \sqrt{2}} = \dfrac{\sqrt{6}}{2}$

↑ 將分母與分子同乘以 $\sqrt{2}$ 後，再進行有理化

(2) $-\sqrt{5} \div 2\sqrt{6} = -\dfrac{\sqrt{5}}{2\sqrt{6}} = -\dfrac{\sqrt{5} \times \sqrt{6}}{2\sqrt{6} \times \sqrt{6}} = -\dfrac{\sqrt{30}}{12}$

↑ 將分母與分子同乘以 $\sqrt{6}$ 後，再進行有理化

想了解更多的數學專欄　畢達哥拉斯隱瞞了無理數的存在？

x 和 y 為任何整數，且 y 不為 0 時，可以用分數 $\dfrac{x}{y}$ 形式表示的數，稱為有理數。大致說來就是分母與分子均為整數，能用分數來表示的數，就稱為有理數。相反的，不是有理數的數稱為無理數。

因此我們都知道的 $\sqrt{2}$ 與 $\sqrt{3}$，以及圓周率（π）等不能以分數 $\dfrac{x}{y}$ 來表示的數，都是無理數。

從前有一個非常有名的數學家畢達哥拉斯，就是他發明了畢氏定理。但畢達哥拉斯並不承認無理數的存在，而他的弟子們也都知道這一個祕密。因為他們相信「所有的數都可以用分數來表示」。所以，他們將洩漏了無理數存在的弟子，從船上推落海中溺死，這段傳說依舊流傳至今。

PART 7 ▶ 平方根 〈3年級〉

7 平方根的加法與減法

> **非常重要！** 平方根的加法與減法**與代數式**的計算方式相同！

1 平方根的加法與減法

平方根的加法與減法可將√以文字符號代替後，再用跟代數式相同的方式計算。

例題1 請計算下列問題。

(1) $2\sqrt{7} + 3\sqrt{7} =$

(2) $\sqrt{3} + 2\sqrt{5} - 4\sqrt{3} - 6\sqrt{5} =$

解答

(1) $2\sqrt{7} + 3\sqrt{7}$

將$\sqrt{7}$以x代替後，就會得到$2x + 3x = 5x$。
用這個方式計算後，就會得到

$2\sqrt{7} + 3\sqrt{7} = \mathbf{5\sqrt{7}}$

(2) $\sqrt{3} + 2\sqrt{5} - 4\sqrt{3} - 6\sqrt{5}$

將$\sqrt{3}$以x代替、$\sqrt{5}$以y代替後，就會得到
$x + 2y - 4x - 6y = -3x - 4y$
用這個方式解題後，就會得到
$\sqrt{3} + 2\sqrt{5} - 4\sqrt{3} - 6\sqrt{5} = \mathbf{-3\sqrt{3} - 4\sqrt{5}}$

※ $-3\sqrt{3} - 4\sqrt{5}$已經無法再簡化成先前所學的任何形式，所以用$-3\sqrt{3} - 4\sqrt{5}$的形式作答即可。

完美解題的關鍵

運用分配律也可以計算平方根！

例題1中，運用了與代數式相同的方式，來計算平方根的加法與減法。

另一方面，代數式中所學到的分配律，其計算規則如下。

將a分別乘入括號內

$a(b+c) = ab + ac$

運用此分配律也可以計算平方根，如下方所示。

[例] 請計算$\sqrt{6}(\sqrt{3} + \sqrt{5})$

解法

將$\sqrt{6}$分別乘入括號內

$\sqrt{6}(\sqrt{3} + \sqrt{5}) = \sqrt{6} \times \sqrt{3} + \sqrt{6} \times \sqrt{5}$
$= 3\sqrt{2} + \sqrt{30}$

2 化為 $a\sqrt{b}$ 的形式後，再計算和與差

即使√中的數相異，有時也可以化為 $a\sqrt{b}$ 的形式，藉此讓√中的數相同，就能夠計算。

例題2 請計算下列問題。

$\sqrt{45} - 2\sqrt{20} + 2\sqrt{5} =$

解答

$\sqrt{45} - 2\sqrt{20} + 2\sqrt{5}$
$= \sqrt{3^2 \times 5} - 2\sqrt{2^2 \times 5} + 2\sqrt{5}$ ← 質因數分解
$= 3\sqrt{5} - 4\sqrt{5} + 2\sqrt{5}$ ← 運用 $\sqrt{a^2 b} = a\sqrt{b}$
$= \sqrt{5}$

3 將分母有理化後，再計算和與差

分母中含有√的情況，則將分母有理化後再計算。

例題3 請計算下列問題。

$\sqrt{27} - \dfrac{6}{\sqrt{3}} =$

解答

$\sqrt{27} - \dfrac{6}{\sqrt{3}}$
$= 3\sqrt{3} - \dfrac{6 \times \sqrt{3}}{\sqrt{3} \times \sqrt{3}}$ ← 將分母與分子同乘以 $\sqrt{3}$，進行有理化

$= 3\sqrt{3} - \dfrac{\overset{2}{6} \times \sqrt{3}}{\underset{1}{3}}$ ← 進行約分

$= 3\sqrt{3} - 2\sqrt{3} = \underline{\sqrt{3}}$

平方根的單元到這裡已全部結束，請試著運用至今所學到的知識，挑戰看看應用問題。

練習問題（應用篇）

請計算下列問題。

$\dfrac{3}{\sqrt{15}} - \sqrt{60} + \dfrac{4\sqrt{3}}{\sqrt{5}} =$

解答

$\dfrac{3}{\sqrt{15}} - \sqrt{60} + \dfrac{4\sqrt{3}}{\sqrt{5}}$

$= \dfrac{3 \times \sqrt{15}}{\sqrt{15} \times \sqrt{15}} - 2\sqrt{15} + \dfrac{4\sqrt{3} \times \sqrt{5}}{\sqrt{5} \times \sqrt{5}}$

↑ 進行有理化　　　　↑ 進行有理化

$= \dfrac{\overset{1}{3}\sqrt{15}}{\underset{5}{15}} - 2\sqrt{15} + \dfrac{4\sqrt{15}}{5}$

$= \dfrac{\overset{1}{5}\sqrt{15}}{\underset{1}{5}} - 2\sqrt{15}$

$\dfrac{\sqrt{15}}{5} + \dfrac{4\sqrt{15}}{5} = \dfrac{5\sqrt{15}}{5}$

$= \sqrt{15} - 2\sqrt{15} = \underline{-\sqrt{15}}$

PART 8　▶因式分解　　　〈3年級〉

1　什麼是因式分解

> 非常重要！
> 先將**公因式**提到括號外面，再作**因式分解**！

1　什麼是因式分解

運用第33頁中所學到的乘法公式，**將$(x+4)(x+5)$展開**後，就如下方所示。

$$(x+4)(x+5)=x^2+9x+20$$

即使將等式的左式與右式交換依舊成立，所以下列式子也成立。

$$x^2+9x+20=(x+4)(x+5)$$

這就可表示$x^2+9x+20$是$x+4$與$x+5$的積（乘法的答案）。

像$x+4$與$x+5$一樣，**相乘為積的數個式子**稱為**因式**。

把多項式分解成數個因式乘積的形式，其過程就稱為**因式分解**。

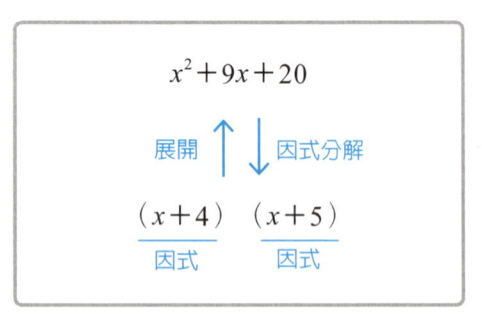

$$x^2+9x+20$$
展開 ↑↓ 因式分解
$$(x+4)\quad(x+5)$$
因式　　因式

2　提出公因式再作因式分解

請掌握多項式的各項中，若均含有相同的因式（**公因式**）時，請**先將公因式提到括號外面，藉此就可進行因式分解**。

在第28頁中所學到的**分配律**，將其中的等號兩邊互換後，就能得到右方公式。再運用此公式來進行因式分解。

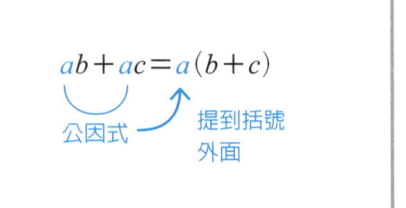

$$ab+ac=a(b+c)$$
公因式　　提到括號外面

例題　因式分解下列各式。

（1）$3xy - 2xz$　　　　　（2）$15a^2b + 25ab^2$

解答

（1）文字符號x相同，所以將x提到括號外。

（2）係數15與25的最大公因數5，與相同的文字符號ab組合成$5ab$，將$5ab$提到括號外。

$$3xy - 2xz = x(3y - 2z)$$

公因式　提到括號外面

$$15a^2b + 25ab^2$$
$$= 5ab \times 3a + 5ab \times 5b$$
$$= 5ab(3a + 5b)$$

將$15a^2b$與$25ab^2$分別化為$5ab \times \square$的形式

將公因式$5ab$提到括號外

※像第（2）題一樣，各項係數的最大公因數為比1大的整數時，將此整數一起提到括號外。

完美解題的關鍵

盡可能因式分解後再作答！

有些學生會以下列方式因式分解 例題 的第（2）題。

$15a^2b + 25ab^2 = ab(15a + 25b)$

以這種方式作運算並沒有錯，但若是在測驗中這樣作答的話，就不算正確。

這是因為答案還可以再進行因式分解。

$$15a^2b + 25ab^2 = ab(15a + 25b)$$
$$= 5ab(3a + 5b)$$

以 例題 的第（2）題為例，盡可能因式分解後再作答。

練習問題

因式分解下列各式。

（1）$2ab + a$　　　　　（2）$14x^2y - 21xyz$

解答

（1）文字符號a相同，所以將a提到括號外。

$$2ab + a$$
$$= 2ab + 1a = a(2b + 1)$$

將a化為$1a$的形式

公因式　提到括號外

（2）係數14與21的最大公因數7，與相同的文字符號xy組合成$7xy$，將$7xy$提到括號外。

$$14x^2y - 21xyz$$
$$= 7xy \times 2x - 7xy \times 3z$$
$$= 7xy(2x - 3z)$$

將$14x^2y$與$21xyz$分別化為$7xy \times \square$的形式

將公因式$7xy$提到括號外

PART 8 ▶因式分解 〈3年級〉

2 因式分解公式 1

非常重要! 運用下列公式作因式分解！

$$x^2 + \underbrace{(a+b)}_{\text{和}} x + \underbrace{ab}_{\text{積}} = (x+a)(x+b)$$

1 公式 $x^2+(a+b)x+ab=(x+a)(x+b)$

我們曾在第33～35頁中學過4個乘法公式，將這4個公式中等號的左右兩邊互換後，將會得到新的公式。一起來看看這個新的公式。

公式1 為乘法公式的其中一項。

> 公式1 $(x+a)(x+b)=x^2+(a+b)x+ab$

將 公式1 中等號的左右兩邊互換，就會得到 公式2 。

> 公式2 $x^2+\underbrace{(a+b)}_{\text{和}}x+\underbrace{ab}_{\text{積}}=(x+a)(x+b)$

例題1 因式分解下列各式。

(1) $x^2+8x+15$ (2) a^2-a-6

解答

(1) 為了要將 $x^2+8x+15$ 作因式分解，首先要找看看「和為8、積為15的2個數」

$x^2 + \underset{\text{和為8}}{\underset{\uparrow}{\mathbf{8}x}} + \underset{\text{積為15}}{\underset{\uparrow}{\mathbf{15}}}$

找看看「和為8、積為15的2個數」，如此一來就會得到 $+3$ 與 $+5$。

$(+3)+(+5)=8$ ← 和為8
$(+3)×(+5)=15$ ← 積為15

運用 $+3$ 與 $+5$ 這2個數，就能作因式分解，如下方所示。

$x^2+8x+15 = \underset{\sim\sim\sim\sim\sim\sim\sim}{(x+3)(x+5)}$

(2) 為了要將 $a^2-a-6(=a^2-1a-6)$ 作因式分解，首先要找看看「和為 -1、積為 -6 的2個數」

$a^2-a-6 = a^2 \underset{\text{和為}-1}{\underset{\uparrow}{-\mathbf{1}a}} \underset{\text{積為}-6}{\underset{\uparrow}{-\mathbf{6}}}$

找看看「和為 -1、積為 -6 的2個數」，如此一來就會得到 $+2$ 與 -3。

$(+2)+(-3)=-1$ ← 和為 -1
$(+2)×(-3)=-6$ ← 積為 -6

運用 $+2$ 與 -3 這2個數，就能作因式分解，如下方所示。

$a^2-a-6 = \underset{\sim\sim\sim\sim\sim\sim\sim}{(a+2)(a-3)}$

完美解題的關鍵

從積開始找看看吧!

例題1 的第(1)題中,為了要將 $x^2+8x+15$ 作因式分解,首先要找看看「和為8、積為15的2個數」。

這時候,要先從相乘為15(積為15)的數開始找,而不是從相加為8(和為8)的數開始。

這是因為,相加為8的整數相當多,但相乘為15的整數,只會有右邊列出的4種組合。

在這之中,積為15、和為8的數是 $+3$ 與 $+5$,

相乘為15的整數

$(+1) \times (+15) = 15$
$(-1) \times (-15) = 15$
$(+3) \times (+5) = 15$
$(-3) \times (-5) = 15$

所以能夠像 $x^2+8x+15=(x+3)(x+5)$ 一樣作因式分解。

基於上述理由,建議按照「積→和」的順序來找因式分解的2個數。

練習問題 1

因式分解下列各式。

(1) $x^2+11x+30$ (2) $a^2-10a+21$ (3) $x^2+8x-48$

解答

(1) 為了要將 $x^2+11x+30$ 作因式分解,首先要找看看「和為11、積為30的2個數」,如此一來就會得到 $+5$ 與 $+6$。所以能夠像下列式子一樣作因式分解。

$x^2 + 11x + 30 = (x+5)(x+6)$

(2) 為了要將 $a^2-10a+21$ 作因式分解,首先要找看看「和為 -10、積為21的2個數」,如此一來就會得到 -3 與 -7。所以能夠像下列式子一樣作因式分解。

$a^2 - 10a + 21 = (a-3)(a-7)$

(3) 為了要將 $x^2+8x-48$ 作因式分解,首先要找看看「和為8、積為 -48 的2個數」,如此一來就會得到 $+12$ 與 -4。所以能夠像下列式子一樣作因式分解。

$x^2 + 8x - 48 = (x+12)(x-4)$

PART 8 因式分解

PART 8 ▶ 因式分解　〈3年級〉

3 因式分解公式 2

非常重要！ 運用下列公式作因式分解！
$x^2+2ax+a^2=(x+a)^2 \quad x^2-2ax+a^2=(x-a)^2 \quad x^2-a^2=(x+a)(x-a)$

2 公式 $x^2+2ax+a^2=(x+a)^2$，$x^2-2ax+a^2=(x-a)^2$

運用下列公式，一起來作因式分解。

$$x^2 + \underline{2ax} + \underline{a^2} = (x+a)^2 \qquad x^2 - \underline{2ax} + \underline{a^2} = (x-a)^2$$
　　　　a的2倍　a的2次方　　　　　　　　　a的2倍　a的2次方

例題2 因式分解下列各式。

（1）x^2+6x+9　　　　　（2）$a^2-12a+36$

解答

（1）在 x^2+6x+9 的式子中可以找到 6 是 3 的 2 倍、9 是 3 的 2 次方。接下來就能像下列式子一樣作因式分解。

$$x^2 + \underline{6x} + \underline{9} = (\boldsymbol{x+3})^2$$
　　3的2倍　3的2次方

（2）在 $a^2-12a+36$ 的式子中可以找到 12 是 6 的 2 倍、36 是 6 的 2 次方。接下來就能像下列式子一樣作因式分解。

$$a^2 - \underline{12a} + \underline{36} = (\boldsymbol{a-6})^2$$
　　6的2倍　6的2次方

完美解題的關鍵

使用別種公式也能解題！

在 例題2 的第（1）題中，如果運用前一個單元所學到的公式 $x^2+(a+b)x+ab=(x+a)(x+b)$，也能夠解題。只不過，算式就會增加，所以並不是最好的解法。

接下來，一起實際確認看看。

例題2 的第（1）題為了要將 x^2+6x+9 作因式分解，首先要找看看「和為6、積為9的2個數」。

找看看「和為6、積為9的2個數」，如此一來就會得到 +3 與 +3。所以能夠像下列式子一樣作因式分解。

$x^2+6x+9=(x+3)(x+3)=(x+3)^2$

例題2 的第（2）題也可以用同樣的方法解題，因此試試看吧！

練習問題 2

因式分解下列各式。

(1) $x^2+18x+81$ (2) $x^2-16x+64$

解答

(1) $x^2+18x+81$ 中的 18 是 9 的 2 倍、81 是 9 的 2 次方。因此 $x^2+18x+81 = (x+9)^2$

(2) $x^2-16x+64$ 中的 16 是 8 的 2 倍、64 是 8 的 2 次方。因此 $x^2-16x+64 = (x-8)^2$

3 公式 $x^2-a^2=(x+a)(x-a)$

運用右方公式，一起來作因式分解。

$$x^2 - a^2 = (x+a)(x-a)$$

（x 的 2 次方、a 的 2 次方）

例題 3 因式分解下列各式。

(1) x^2-49 (2) $9a^2-16b^2$

解答

(1) 在 x^2-49 中可以找到 x^2 為 x 的 2 次方、49 為 7 的 2 次方。接下來就能像下列式子一樣作因式分解。

$$x^2 - 49 = x^2 - 7^2 = (x+7)(x-7)$$

（x 的 2 次方、7 的 2 次方）

運用 $x^2-a^2=(x+a)(x-a)$ 的公式來作因式分解

(2) 在 $9a^2-16b^2$ 中可以找到 $9a^2$ 為 $3a$ 的 2 次方、$16b^2$ 為 $4b$ 的 2 次方。接下來就能像下列式子一樣作因式分解。

$$9a^2 - 16b^2 = (3a)^2 - (4b)^2 = (3a+4b)(3a-4b)$$

（$3a$ 的 2 次方、$4b$ 的 2 次方）

運用 $x^2-a^2=(x+a)(x-a)$ 的公式來作因式分解

練習問題 3

因式分解下列各式。

(1) a^2-121 (2) x^2-4y^2

解答

(1) $a^2-121 = a^2-11^2 = (a+11)(a-11)$ (2) $x^2-4y^2 = x^2-(2y)^2 = (x+2y)(x-2y)$

PART 8 因式分解

PART 9 ▶ 二次方程式 〈3年級〉

1 利用平方根的概念來解二次方程式

非常重要！ 利用**平方根**的概念來解 $ax^2 = b$ 與 $(x+a)^2 = b$ 等的**二次方程式**！

1 什麼是二次方程式

舉例來說將 $x^2 - 10 = 3x$ 中右式的 $3x$ 往左式移項，就會得到 $x^2 - 3x - 10 = 0$。

像這樣，經由**移項整理後以（二次式）＝0 的形式改寫的方程式**，就稱為二次方程式。

2 二次方程式 $ax^2 = b$ 的解法

可以利用平方根的概念，來解 $ax^2 = b$ 與 $ax^2 - b = 0$ 這種形式的二次方程式。

例題1 試解下列方程式。

(1) $x^2 = 36$　　　(2) $5x^2 - 60 = 0$　　　(3) $4x^2 - 11 = 0$

解答

(1) 因為 $x^2 = 36$，
所以可知 x 為 36 的平方根。
因此，$x = \pm 6$

(2) $5x^2 - 60 = 0$　　　將 -60 往右式移項
$5x^2 = 60$　　　兩式同除以 5
$x^2 = 12$　　　x 為 12 的平方根
$x = \pm\sqrt{12}$　　　化為 $a\sqrt{b}$ 的形式
$x = \pm 2\sqrt{3}$

(3) $4x^2 - 11 = 0$　　　將 -11 往右式移項
$4x^2 = 11$　　　兩式同除以 4
$x^2 = \dfrac{11}{4}$　　　x 為 $\dfrac{11}{4}$ 的平方根
$x = \pm\sqrt{\dfrac{11}{4}}$　　　$\pm\sqrt{\dfrac{11}{4}} = \pm\dfrac{\sqrt{11}}{\sqrt{4}}$
$x = \pm\dfrac{\sqrt{11}}{2}$

練習問題

試解下列方程式。

(1) $3x^2 = 75$ (2) $25x^2 - 8 = 0$

解答

(1) $3x^2 = 75$ ⎫ 兩式同除以3
    $x^2 = 25$ ⎬
    $x = \pm 5$ ⎭ x為25的平方根

(2) $25x^2 - 8 = 0$ ⎫ 將-8往右式移項
    $25x^2 = 8$ ⎬
    $x^2 = \dfrac{8}{25}$ ⎭ 兩式同除以25
    $x = \pm\sqrt{\dfrac{8}{25}}$ ⎫ x為$\dfrac{8}{25}$的平方根
    $x = \pm\dfrac{2\sqrt{2}}{5}$ ⎬ $\pm\sqrt{\dfrac{8}{25}} = \pm\dfrac{\sqrt{8}}{\sqrt{25}}$

3 二次方程式$(x+a)^2 = b$的解法

也可以利用平方根的概念來解$(x+a)^2 = b$這種形式的二次方程式。

例題2 試解下列方程式。

(1) $(x+5)^2 = 49$ (2) $(x-6)^2 - 10 = 0$

解答

(1) 因為$x+5$為49的平方根

所以$x+5 = \pm 7$

這表示$x+5$有可能等於$+7$或是-7。

$x+5 = 7$時，$x = 7-5 = 2$

$x+5 = -7$時，$x = -7-5 = -12$

$\underline{x = 2 \text{、} x = -12}$

(2) 將-10往右式移項，就會得到

$(x-6)^2 = 10$

因為$x-6$為10的平方根

所以$x-6 = \pm\sqrt{10}$

將-6往右式移項

$\underline{x = 6 \pm \sqrt{10}}$

※「$x = 6+\sqrt{10}$或$x = 6-\sqrt{10}$」時，將2個答案結合，並以$x = 6\pm\sqrt{10}$來表示。

完美解題的關鍵

二次方程式的解（答案）有1～2個！

到目前為止，所學過的一次方程式，都只有1個解（答案）。

但是，本單元中所討論的二次方程式，都有2個解（答案）。請掌握在國中數學的範圍內，二次方程式的解會有1～2個（在下一個單元中將會學到，只有1個解的二次方程式）。

PART 9 ▶ 二次方程式 〈3年級〉

2 運用因式分解來解二次方程式

非常重要！

首先將等號的<u>左邊作因式分解</u>後，再解二次方程式！

在前一個單元中，我們運用了平方根的概念來解二次方程式。

除此之外，有時也可以藉由因式分解來解二次方程式。

藉由因式分解解方程式時，請運用下列概念。

> 將2個式子化為 A 與 B 時
> 若 $AB=0$ 則 $A=0$ 或 $B=0$

例題 試解下列方程式。

$x^2+3x+2=0$

解答

首先將等號左邊的 x^2+3x+2 作因式分解。

可以藉由 $x^2+(a+b)x+ab=(x+a)(x+b)$ 的公式將左邊因式分解。

為了要將 x^2+3x+2 作因式分解，首先要找看看「和為3、積為2的2個數」。

如此一來就會得到 $+1$ 與 $+2$。因此，可以將原本的二次方程式化為下列形式。

$(x+1)(x+2)=0$

$x+1=0$ 或 $x+2=0$

逐一解開後，就會得到 $x=-1$、$x=-2$

練習問題

試解下列方程式。

(1) $x^2 - x = 0$　　(2) $x^2 - 5x - 14 = 0$　　(3) $x^2 + 10x + 25 = 0$

(4) $x^2 - 2x + 1 = 0$　　(5) $x^2 - 64 = 0$

解答

(1) 將 $x^2 - x = 0$ 中等號左邊的公因式 x 提到括號外，並作因式分解，就會得到

$x(x-1) = 0$

$x = 0$　或　$x - 1 = 0$

$x = 0$ 或 $x = 1$

(3) 藉由 $x^2 + 2ax + a^2 = (x+a)^2$ 的公式，將 $x^2 + 10x + 25 = 0$ 中等號的左邊作因式分解，就會得到

$(x+5)^2 = 0$

$x + 5 = 0$

$x = -5$

※第(3)、(4)題中的解（答案）只有1個。

(5) 藉由 $x^2 - a^2 = (x+a)(x-a)$ 的公式，將 $x^2 - 64 = 0$ 中等號的左邊作因式分解，就會得到

$(x+8)(x-8) = 0$

$x + 8 = 0$　或　$x - 8 = 0$

$x = \pm 8$

(2) 藉由 $x^2 + (a+b)x + ab = (x+a)(x+b)$ 的公式，將 $x^2 - 5x - 14 = 0$ 中等號的左邊作因式分解，就會得到

$(x+2)(x-7) = 0$

$x + 2 = 0$　或　$x - 7 = 0$

$x = -2$ 或 $x = 7$

(4) 藉由 $x^2 - 2ax + a^2 = (x-a)^2$ 的公式，將 $x^2 - 2x + 1 = 0$ 中等號的左邊作因式分解，就會得到

$(x-1)^2 = 0$

$x - 1 = 0$

$x = 1$

完美解題的關鍵

$x^2 - 64 = 0$ 的二次方程式，可以藉由因式分解，或是平方根的概念來解題！

練習問題 的第(5)題 $x^2 - 64 = 0$ 如果運用前一個單元所學的平方根的概念，也可以解開，如右方所示。

$x^2 - 64 = 0$　　將 -64 往右邊移項

$x^2 = 64$　　x 為 64 的平方根

$x = \pm 8$

如此一來可以得知，有些二次方程式無論是運用因式分解或是平方根的概念都可以解開。

PART 9　二次方程式

PART 9 ▶ 二次方程式　〈3年級〉

3 藉由公式解來解二次方程式

非常重要! 請掌握**公式解** $x = \dfrac{-b \pm \sqrt{b^2-4ac}}{2a}$！

1 公式解

運用所學過的**平方根**、或是**因式分解**，無論哪一種概念都無法解開二次方程式的情況時，就藉由公式解來解題。

> **二次方程式的公式解**
> 二次方程式 $ax^2 + bx + c = 0$ 的解為
> $$x = \dfrac{-b \pm \sqrt{b^2-4ac}}{2a}$$

例題 試解下列方程式。

(1) $2x^2 + 3x - 4 = 0$

(2) $3x^2 - 7x + 2 = 0$

解答

(1) $\underset{a}{2x^2} + \underset{b}{3x} \underset{c}{- 4} = 0$

將 $a = 2$、$b = 3$、$c = -4$ 代入公式解中並計算，就會得到

$$x = \dfrac{-3 \pm \sqrt{3^2 - 4 \times 2 \times (-4)}}{2 \times 2}$$

$$= \dfrac{-3 \pm \sqrt{9 + 32}}{4}$$

$$= \dfrac{-3 \pm \sqrt{41}}{4}$$

(2) $\underset{a}{3x^2} \underset{b}{- 7x} + \underset{c}{2} = 0$

將 $a = 3$、$b = -7$、$c = 2$ 代入公式解中並計算，就會得到

$$x = \dfrac{7 \pm \sqrt{(-7)^2 - 4 \times 3 \times 2}}{2 \times 3}$$

$$= \dfrac{7 \pm \sqrt{49 - 24}}{6}$$

$$= \dfrac{7 \pm \sqrt{25}}{6}$$

$$= \dfrac{7 \pm 5}{6} \leftarrow \dfrac{7+5}{6} \text{ 或 } \dfrac{7-5}{6} \text{ 的意思}$$

$$x = \dfrac{7+5}{6} = \dfrac{12}{6} = 2$$

$$x = \dfrac{7-5}{6} = \dfrac{2}{6} = \dfrac{1}{3}$$

$$x = \dfrac{1}{3} \text{、} x = 2$$

2 b為偶數時的公式解

二次方程式$ax^2+bx+c=0$中，若b為偶數時，將b除以2並以b'來表示，則右方公式解成立。

> **b為偶數時的公式解**
>
> 二次方程式$ax^2+bx+c=0$的解為
>
> $$x=\frac{-b'\pm\sqrt{b'^2-ac}}{a}$$

例題2 試解下列方程式。

$2x^2+6x+1=0$

解答

由於b為偶數6，因此使用「b為偶數時的公式解」。
將b除以2並以b'表示，所以$b'=6\div 2=3$。
將$a=2$、$b'=3$、$c=1$代入「b為偶數時的公式解」，就能像右邊的 算式 一樣計算。

算式

$$x=\frac{-3\pm\sqrt{3^2-2\times 1}}{2}$$
$$=\frac{-3\pm\sqrt{9-2}}{2}$$
$$=\frac{-3\pm\sqrt{7}}{2}$$

理解了 例題 的解題方式後，請遮住答案，自己試著重新再寫一次。

完美解題的關鍵

最好把「b為偶數時的公式解」也一起記住的理由！

也許有些人會認為：「要記住公式解就非常辛苦了，難道一定還要再記住『b為偶數時的公式解』嗎？」
但是，如果同時也記住「b為偶數時的公式解」，就能快速且正確的解題。

以 例題2 為例，運用一般的公式解也能夠解題，但是算式就會變得像右方一樣複雜。
如此一來，就需要再約分，算式變得很複雜。因此建議運用「b為偶數時的公式解」來解題。

$$x=\frac{-6\pm\sqrt{6^2-4\times 2\times 1}}{2\times 2}$$
$$=\frac{-6\pm\sqrt{28}}{4}$$
$$=\frac{-6\pm 2\sqrt{7}}{4}$$
$$=\frac{-3\pm\sqrt{7}}{2}$$

將$\sqrt{28}$化為$2\sqrt{7}$後進行約分

PART 9 ▶ 二次方程式　　　　　　　　　　　　　　　　　　　〈3年級〉

4 二次方程式的應用題

非常重要！

用4步驟解二次方程式的應用題！

藉由右方的4步驟，來解二次方程式的應用題。

> 步驟 1　設欲求的事物為x
> 步驟 2　列出方程式
> 步驟 3　解方程式
> 步驟 4　確認所求得的解是否合乎題意

1 有關數的應用題

例題1　某自然數加2的2次方，與該數的10倍加11相等，求此自然數為何？

解答

如下方所示，藉由4步驟就能解題。

步驟 1　設欲求的事物為x

將此自然數設為x。

步驟 2　列出方程式

將自然數x加2的2次方以$(x+2)^2$來表示。
並將該數的10倍加11以$10x+11$來表示。
因為某自然數加2的2次方，與該數的10倍加11相等，所以右方方程式成立。

$$\underbrace{(x+2)^2}_{(加2的2次方)} = \underbrace{10x+11}_{(10倍加11)}$$

步驟 3　解方程式

$$(x+2)^2 = 10x+11$$
$$x^2+4x+4 = 10x+11$$ 將$(x+2)^2$展開
$$x^2+4x+4-10x-11 = 0$$ 進行移項讓等號的右邊為0
$$x^2-6x-7 = 0$$ 整理左式
$$(x+1)(x-7) = 0$$ 將左式作因式分解
$$x = -1 、 x = 7$$

步驟 4

確認所求得的解是否合乎題意

x為自然數（正整數），所以$x=7$合乎題意，但$x=-1$並不合乎題意。

因此，$x=7$。

答案：7

完美解題的關鍵

確認所求得的解是否合乎題意！

二次方程式的應用題中，如同 例題1 的解說，最後一定要確認所求得的解是否合乎題意。如此一來才會知道-1的答案並不合乎題意。有很多人會不小心忘記，所以請特別注意。

---

2 有關面積的應用題

例題2 已知有一長方形的寬比長短6公分，若此長方形的面積為112平方公分，求此長方形的長與寬各為多少公分？

解答

如下方所示，藉由4步驟就能解題。

步驟 1 設欲求的事物為x

將長方形的長設為x公分。

並以$(x-6)$公分表示長方形的寬。

寬$(x-6)$公分　面積112平方公分　長x公分

步驟 2 列出方程式

因為「長×寬＝長方形的面積」，所以可以列出下列方程式。

$$\underset{\underset{\text{長}}{\uparrow}}{x} \quad \underset{\underset{\text{寬}}{\uparrow}}{(x-6)} = \underset{\underset{\text{面積}}{\uparrow}}{112}$$

步驟 3 解方程式

$$x(x-6)=112 \quad \text{將}x(x-6)\text{展開}$$
$$x^2-6x=112 \quad \text{進行移項讓等號的右邊為0}$$
$$x^2-6x-112=0$$
$$(x+8)(x-14)=0 \quad \text{將左式作因式分解}$$
$$x=-8 、 x=14$$

步驟 4

確認所求得的解是否合乎題意

x（長）比寬多6（公分），因此x要比6大。

所以$x=14$合乎題意，但$x=-8$不合乎題意。

因此，$x=14$。

長方形的長為14公分，因此寬為$14-6=8$公分。

答案：寬為8公分，長為14公分

PART 10 ▶ 函數 $y = ax^2$ 〈3年級〉

1 $y = ax^2$ 及其圖形

> **非常重要！** y與x^2成正比 → 設$y = ax^2$！

1 y與x^2成正比

像$y = 3x^2$與$y = -2x^2$一樣，以$y = ax^2$來表示時，則稱「y與x^2成正比」。

例題1 若y與x^2成正比，當$x = 2$時，$y = -12$。請回答下列問題。

(1) 試以x的形式表示y。
(2) 當$x = -4$時，試求y值。

解答

(1)「以x的形式表示y」就是將x與y的關係以「$y =$（包含x的形式）」來表示。因為y與x^2成正比，則可設$y = ax^2$。接下來只要求出a，就能以x的形式表示y。

將$x = 2$與$y = -12$代入$y = ax^2$中，就會得到

$-12 = a \times 2^2$，$-12 = 4a$，$a = -3$

所以 $y = -3x^2$

(2) 將-4代入$y = -3x^2$中，就會得到$y = -3 \times (-4)^2 = -3 \times 16 = -\mathbf{48}$

2 $y = ax^2$及其圖形

例題2 $y = \frac{1}{4}x^2$，請回答下列問題。

(1) $y = \frac{1}{4}x^2$，試完成下列表格。

x	…	-6	-4	-2	0	2	4	6	…
y	…								…

(2) 根據(1)的表格內的數字，畫出$y = \frac{1}{4}x^2$的圖形。

90

解答

(1) 將表中各項 x 的值分別代入 $y=\dfrac{1}{4}x^2$ 中，求出 y 值，如下表所示。

x	…	-6	-4	-2	0	2	4	6	…
y	…	9	4	1	0	1	4	9	…

(2) 看著 (1) 的表格內容，在坐標平面上標出各坐標點，並用圓滑的曲線連接各坐標點，如右圖所示。

如此一來就能畫出 $y=\dfrac{1}{4}x^2$ 的圖形。

關鍵在於不用直線而是用圓滑的曲線連接各坐標點。

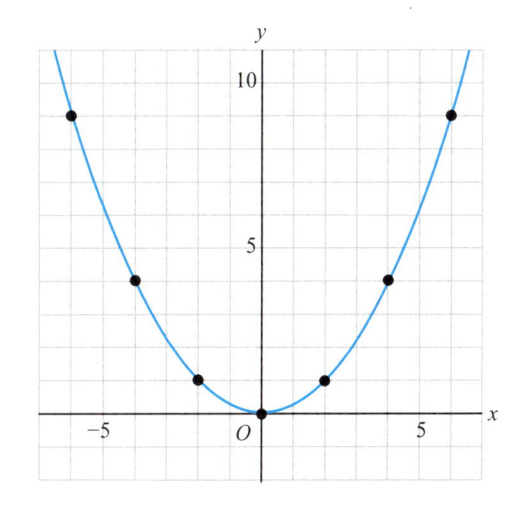

像 $y=ax^2$ 一樣的圖形是一條曲線，稱為拋物線。
$y=ax^2$ 的圖形必通過原點。

完美解題的關鍵

從圖形就能看出 $y=ax^2$ 中的 a 為正數還是負數！

例題2 的第 (2) 題中，可以看到 $y=\dfrac{1}{4}x^2$ 的 a 為正數 $\left(\dfrac{1}{4}\right)$，因此圖形的開口朝上。

相反地，例如，像是 $y=-3x^2$，a 為負數 (-3) 的情況，圖形的開口則朝下。所以請好好牢記及運用。

$y=ax^2$ 的圖形

a 為正數 ($a>0$) 時　　a 為負數 ($a<0$) 時

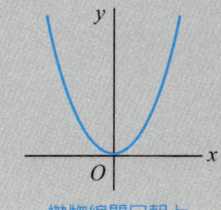

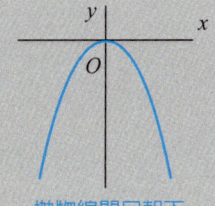

拋物線開口朝上　　　　拋物線開口朝下

PART 10 ▶ 函數 $y=ax^2$　　　〈2年級、3年級〉

2 什麼是變化率

> **非常重要！**
>
> 請掌握**變化率**即是 $\dfrac{y的變化量}{x的變化量}$！

1 什麼是變化率

變化率是用來表示**相對於 x 的變化量，y 的變化量比**，並且能夠以 $\dfrac{y的變化量}{x的變化量}$ 的形式來表示。所謂的變化量就是指「增加了多少」。

舉例來說，如果 x 從2增加到5，x 的變化量為 $5-2=3$。此時，若 y 從1增加到7的話，y 的變化量則為 $7-1=6$。這個情況下，變化率 $=\dfrac{y的變化量}{x的變化量}=\dfrac{6}{3}=2$。

2 一次函數的變化率

接下來，我們將主題拉回到一次函數，一起來看看一次函數的變化率。

例題1 已知一次函數 $y=3x+1$，若 x 值從2變為6時，請回答下列問題。

（1）請分別回答 x 的變化量與 y 的變化量。
（2）試求此時的變化率。

解答

（1）因為 x 的值從2變為6，所以 x 的變化量為 $6-2=4$
　　　將 $x=2$ 代入 $y=3x+1$ 中就會得到 $y=3\times2+1=7$
　　　將 $x=6$ 代入 $y=3x+1$ 中就會得到 $y=3\times6+1=19$
　　　y 值從7變為19，所以 y 的變化量為 $19-7=12$

答案：x 的變化量為4，y 的變化量為12

（2）根據（1）
　　　變化率 $=\dfrac{y的變化量}{x的變化量}=\dfrac{12}{4}=3$

答案：變化率為3

3 $y = ax^2$的變化率

接下來,一起來看看$y = ax^2$的變化率。

例題2 已知函數$y = -3x^2$,若x值從1變為4時,請回答下列問題。

(1)請分別回答x的變化量與y的變化量。

(2)試求此時的變化率。

解答

(1)因為x的值從1變為4,所以x的變化量為$4 - 1 = 3$

將$x = 1$代入$y = -3x^2$中就會得到$y = -3 \times 1^2 = -3$

將$x = 4$代入$y = -3x^2$中就會得到$y = -3 \times 4^2 = -48$

y值從-3變為-48,所以y的變化量為$-48 - (-3) = -45$

(變化量為-45表示「減少了45」)

答案:x的變化量為3,y的變化量為-45

(2)根據(1)

$$變化率 = \frac{y的變化量}{x的變化量} = \frac{-45}{3} = -15$$

理解了 例題 的解題方式後,請遮住答案,自己試著重新再寫一次。

完美解題的關鍵

一次函數與$y = ax^2$的變化率不同

一次函數$y = ax + b$的特性為變化率必定等於斜率a。

如果知道此特性,即使不計算,也可以求出 例題1 的第(2)題$y = 3x + 1$的變化率為3。

另一方面,一起來看看關於$y = ax^2$的變化率。 例題2 的第(2)題$y = -3x^2$中,當x的值從1變為4時,變化率為-15。

但是,當x的值從2變為5時,求出的變化率則為-21。與先前的-15不同。

重新整理一遍後就會發現,一次函數$y = ax + b$的變化率無論何時都會等於斜率a。但相反的,$y = ax^2$的變化率則會根據x值的變化而有所不同。所以像 例題2 的解答一樣,每次必須要計算才能求出變化率。

請掌握一次函數與$y = ax^2$的變化率不同。

PART 11 ▶ 機率　　〈2年級〉

1 機率的定義

> **非常重要!** 所謂的機率就是 $\dfrac{\text{事件發生的次數}}{\text{總次數}}$

1 什麼是機率

機率的算法可藉由右方公式表示。

$$機率 = \dfrac{\text{事件發生的次數}}{\text{總次數}}$$

例題1　投擲一粒骰子,得到奇數的機率為多少?

解答　投擲一粒骰子,共有6種可能會出現的情況:1、2、3、4、5、6,其中可能會出現奇數的情況有3種:1、3、5。因此,可求得機率如下:

$$機率 = \dfrac{\text{事件發生的次數}}{\text{總次數}} = \dfrac{3}{6} = \dfrac{1}{2}$$

答案:$\dfrac{1}{2}$

練習問題1

從一副撲克牌中任意抽出一張(假設不含鬼牌),抽中黑桃的機率為多少?

解答

一副撲克牌有黑桃、紅心、方塊與梅花四種花色,共52張。而每種花色各有(2、3、…、10、J、Q、K、A)13張牌。因此從中隨機抽出一張,抽中黑桃的機率為:

$$機率 = \dfrac{\text{事件發生的次數}}{\text{總次數}} = \dfrac{13}{52} = \dfrac{1}{4}$$

答案:$\dfrac{1}{4}$

2 畫樹狀圖求機率

樹狀圖是一種**樹枝形狀的圖形**,用來**列舉一連串事件可能發生的情況**。使用樹狀圖可以**不重複、不遺漏地列出所有可能的情況**。試試看用畫樹狀圖解決機率問題。

例題 2　投擲兩枚均勻硬幣時，出現一正面一反面的機率為多少？

解答

將一枚硬幣設定為 X，另一枚為 Y。並以樹狀圖列出所有可能擲出的情況（正面、反面），如下：

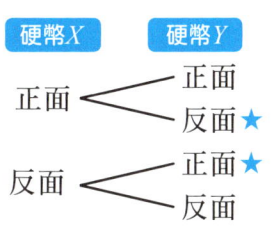

```
硬幣X      硬幣Y
           正面
正面  <
           反面 ★
           正面 ★
反面  <
           反面
```

由樹狀圖可知，投擲兩枚均勻硬幣，可能出現的情況共有4種。
另外，出現一正面一反面的情況有2種（以★標註）。
因此，可求得機率如下：

$$機率 = \frac{事件發生的次數}{總次數} = \frac{2}{4} = \frac{1}{2}$$

答案：$\dfrac{1}{2}$

完美解題的關鍵

不要直接作答，用畫樹狀圖解決問題！

遇到 例題2 中「投擲兩枚均勻硬幣時，出現一正面一反面的機率為多少？」相關問題時，有些學生會直接回答 $\dfrac{1}{3}$。

會出現這樣的錯誤，大概是因為想到所有可能擲出的情況共有「正正」、「正反」、「反反」3種。

但是，如果按照 例題2 的方式，藉由畫樹狀圖進行檢驗，就能理解到所有可能出現的情況有4種。並且發現會有2種出現一正面一反面的情況，如此一來便可求得正確的機率為 $\dfrac{2}{4} = \dfrac{1}{2}$。

因此請不要直接作答，用畫樹狀圖解決問題！

練習問題 2

投擲三枚均勻硬幣一次，出現兩個正面一個反面的機率為多少？

解答

將三枚硬幣各設為 X、Y、Z。並以樹狀圖列出所有可能擲出的情況（正面、反面），如下：

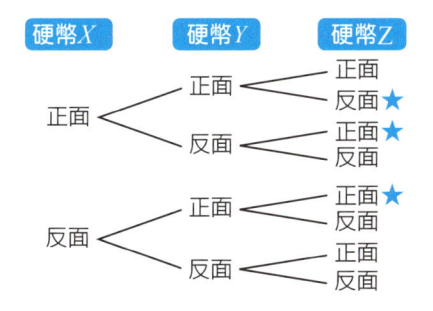

```
硬幣X    硬幣Y    硬幣Z
                  正面
         正面 <
                  反面 ★
正面 <
                  正面 ★
         反面 <
                  反面
                  正面 ★
         正面 <
                  反面
反面 <
                  正面
         反面 <
                  反面
```

由樹狀圖可知，投擲三枚均勻硬幣，可能出現的情況共有8種。
另外，出現兩個正面一個反面的情況有3種（以★標註）。因此可求得機率如下：

$$機率 = \frac{事件發生的次數}{總次數} = \frac{3}{8}$$

答案：$\dfrac{3}{8}$

PART 11 ▶ 機率 〈2年級〉

2 投擲兩粒骰子時的機率

非常重要！ 遇到投擲兩粒骰子的問題時，畫出表格來思考！

例題 試求投擲一大一小的兩粒骰子，出現點數和為11以上的機率。

解答

遇到投擲兩粒骰子的問題時，請畫出與下方相同的表格來思考。

大＼小	1	2	3	4	5	6
1						
2						
3						
4						
5						○ ←和為11
6					○	○ ←和為12

如左表所示，投擲一大一小的兩粒骰子會出現的情形，共有 $6\times 6=36$ 種。

另外，以記號○表示出現點數和為11以上的情形，共有3種。

所以可求出機率為 $\dfrac{3}{36}=\dfrac{1}{12}$

答案：$\dfrac{1}{12}$

完美解題的關鍵

什麼是求不會發生的事件機率？

以「彩券」來說，一般會有「中獎」與「落空」2種情形。想想看，假設全部都是「中獎」的彩券。也就是說有3張彩券，而這3張全部都是「中獎的彩券」。

在這種情形下，這3張彩券無論抽到哪一張都一定會中獎，因此中獎的機率如下：

$$機率=\dfrac{事件發生的次數}{總次數}=\dfrac{3}{3}=1$$

也就是說「事件一定會發生的機率」為1。從這個事件看來，某事件A不會發生的機率為

(A不會發生的機率)＝1－(A發生的機率) 此公式成立。因為事件一定會發生的機率為1，所以這個公式成立。

練習問題

投擲一大一小的兩粒骰子，請回答下列問題。

（**1**）試求出現相同點數的機率。

（**2**）試求出現相異點數的機率。

（**3**）試求出現點數乘積為6的機率。

解答

（**1**）畫表格來思考。

大\小	1	2	3	4	5	6
1	○					
2		○				
3			○			
4				○		
5					○	
6						○

如左表所示，投擲一大一小的兩粒骰子會出現的情形，共有 $6 \times 6 = 36$ 種。

另外，以記號○表示出現相同點數的情形，共有6種。

所以可求出機率為 $\dfrac{6}{36} = \dfrac{1}{6}$。

答案：$\dfrac{1}{6}$

（**2**）如果以1減去「出現相同點數的機率」，就能求出點數相異的機率。

請對照前頁中 完美解題的關鍵

（出現相異點數的機率）＝1－（出現相同點數的機率）
$$= 1 - \dfrac{1}{6} = \dfrac{5}{6}$$

答案：$\dfrac{5}{6}$

（**3**）畫表格來思考。

大\小	1	2	3	4	5	6
1						○
2			○			
3		○				
4						
5						
6	○					

如左表所示，以記號○表示點數乘積為6的情形，共有4種。

所以可求出點數乘積為6的機率為 $\dfrac{4}{36} = \dfrac{1}{9}$。

答案：$\dfrac{1}{9}$

PART 12 ▶ 平面圖形之一：面積與角度 〈1年級〉

1 扇形的弧長與面積

> 非常重要！
> 記住扇形公式的口訣為「乘上 $\frac{圓心角}{360}$」！

1 什麼是扇形

圓周的一部分稱為弧。而**弧和兩個半徑所圍成的圖形**，稱為扇形。

另外，**扇形中以兩半徑為邊所夾的角**，稱為圓心角。

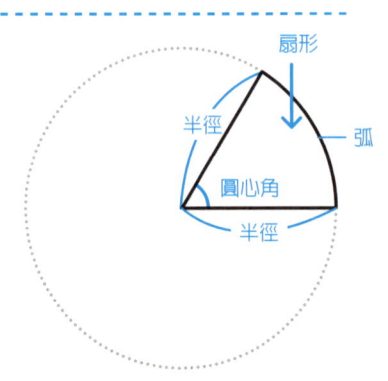

2 扇形的弧長與面積求法

國小時所學的算術中，大多使用3.14作為圓周率，但是國中數學中將圓周率以文字符號 π（讀作pài）來表示。

扇形公式的記法

口訣為「乘上 $\frac{圓心角}{360}$」！

藉由下方公式求**扇形的弧長與面積**。將「乘上 $\frac{圓心角}{360}$」作為口訣放入圓周長與圓面積的公式中，就更容易記住。

扇形的弧長 = $\underline{半徑 \times 2 \times \pi}$ × $\underline{\frac{圓心角}{360}}$
　　　　　　　　圓周長公式　　　乘上 $\frac{圓心角}{360}$

※因為「圓周長 = 直徑 $\times \pi$ = 半徑 $\times 2 \times \pi$」，所以此處使用「圓周長 = 半徑 $\times 2 \times \pi$」

扇形的面積 = $\underline{半徑 \times 半徑 \times \pi}$ × $\underline{\frac{圓心角}{360}}$
　　　　　　　　圓面積公式　　　乘上 $\frac{圓心角}{360}$

例題

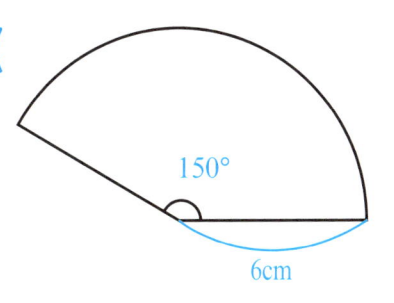

試求左圖中扇形的弧長與面積分別為多少？

150°
6cm

解答

由上圖可知半徑為6公分，圓心角為150度，因此將半徑與圓心角分別放入公式中計算。

扇形的弧長
= 半徑 × 2 × π × $\dfrac{圓心角}{360}$

$= 6 \times 2 \times \pi \times \dfrac{150}{360}$

$= \overset{1}{6} \times \overset{1}{2} \times \pi \times \dfrac{5}{\underset{1}{12}}$

$= 5\pi$（cm）

接下來再求面積。

扇形的面積
= 半徑 × 半徑 × π × $\dfrac{圓心角}{360}$

$= 6 \times 6 \times \pi \times \dfrac{150}{360}$

$= \overset{1}{6} \times \overset{3}{6} \times \pi \times \dfrac{5}{\underset{1}{12}}$

$= 15\pi$（cm²）

答案：弧長為 5π 公分，半徑為 15π 平方公分。

完美解題的關鍵

求扇形面積的另一項公式為何？
求扇形面積的公式還有另外一項。就是下方公式。

扇形的面積 = $\dfrac{1}{2}$ × 弧長 × 半徑

一旦知道此公式，就能夠輕鬆地解決與右方類似的問題。

[例] 試求下列扇形面積。

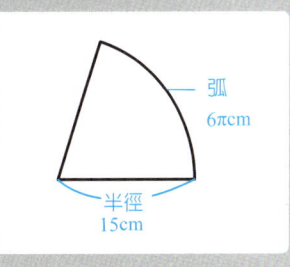

弧 6πcm
半徑 15cm

解法

扇形的面積 = $\dfrac{1}{2}$ × 弧長 × 半徑
$= \dfrac{1}{2} \times 6\pi \times 15 = \underline{45\pi}$（cm²）

PART 12 ▶ 平面圖形之一：面積與角度 〈2年級〉

2 對頂角、同位角、內錯角

> 非常重要！
> 兩條直線**平行**時 { ・**同位角**相等
> ・**內錯角**相等 }

1 什麼是對頂角

兩條直線相交時，互相對著的角稱為對頂角。 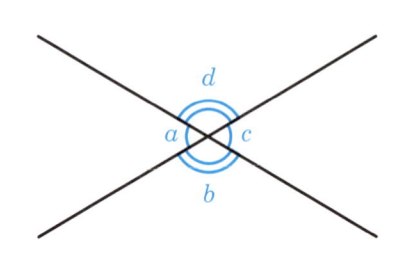
並且互為對頂角的兩個角相等，也就是具有「對頂角相等」的性質。
右圖中，∠a與∠c為對頂角，所以相等。
另外，∠b與∠d也為對頂角，所以相等。
國中數學中，以記號∠表示角。

2 同位角與內錯角

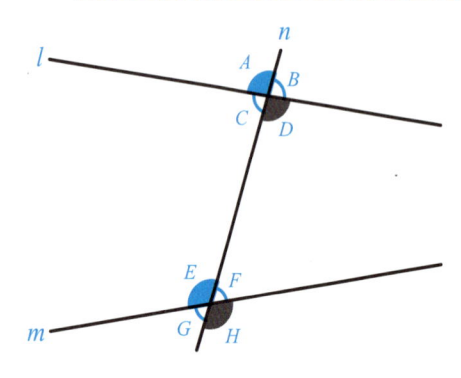

如左圖所示，直線n為兩直線l與m的截線。
此時，像∠A與∠E、∠B與∠F、∠C與∠G、∠D與∠H這些對應位置一樣的角，都稱為同位角。
另外，像∠C與∠F、∠D與∠E這些位置上的角，則稱為內錯角。

直線l與m相互平行時，則使用平行記號//，並表示為l // m。

l // m時，下列敘述成立。

①同位角相等
②內錯角相等

①同位角相等　②內錯角相等

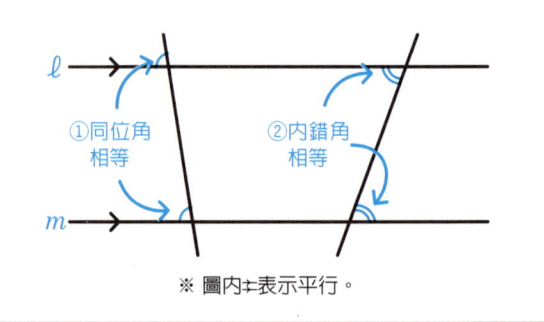

※ 圖內 ╪ 表示平行。

完美解題的關鍵

內錯角可分為4種類型！

教導國中生時，經常會有許多學生對於哪個角與哪個角是內錯角感到困惑。

有鑑於此，作者將內錯角分為下列4種類型來講解。

像這樣將內錯角分為4種類型並逐一講解後，能夠順利理解的學生增加了許多。因此相當推薦這個方式。

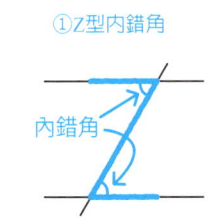

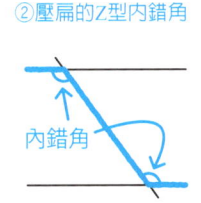

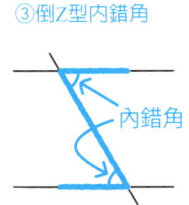

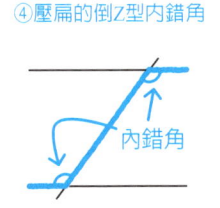

①Z型內錯角　②壓扁的Z型內錯角　③倒Z型內錯角　④壓扁的倒Z型內錯角

例題 圖中，若 $l \parallel m$，試求 $\angle a \sim \angle e$ 的角度。

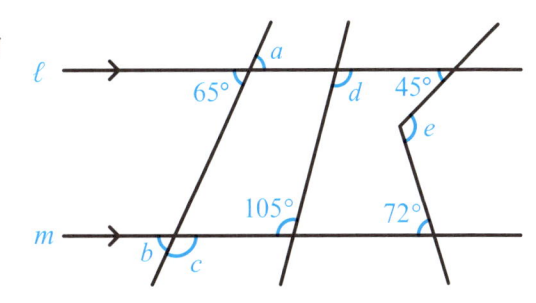

解答

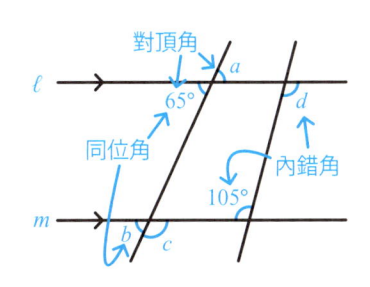

65°的角與 $\angle a$ 為對頂角，因此65°的角與 $\angle a$ 相等。所以 $\angle a = 65°$。

65°的角與 $\angle b$ 為同位角，兩直線平行時同位角相等，所以 $\angle b = 65°$。

直線上所有角的總和為180°，因此若將180°減去65°（$\angle b$）就能求出 $\angle c$。所以 $\angle c = 180° - 65° = 115°$。

105°的角與 $\angle d$ 為內錯角，兩直線平行時內錯角相等，所以 $\angle d = 105°$。

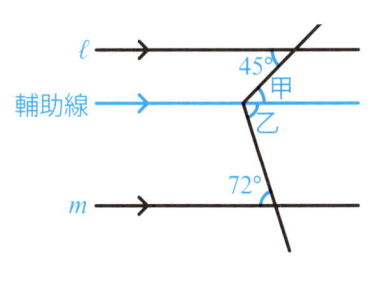

如左圖所示，為了求 $\angle e$ 的角度，請再畫出一條與直線 l 及 m 平行的輔助線。將 $\angle e$ 切割為 $\angle 甲$ 和 $\angle 乙$。輔助線是為了解題而畫出的一條線。

如此一來，45°的角與 $\angle 甲$、72°的角與 $\angle 乙$ 則成為內錯角。

兩直線平行時內錯角相等，所以 $\angle 甲 = 45°$，$\angle 乙 = 72°$。
因此 $\angle e = \angle 甲 + \angle 乙 = 45° + 72° = 117°$。

答案：$\angle a = 65°$，$\angle b = 65°$，$\angle c = 115°$，$\angle d = 105°$，$\angle e = 117°$

PART 12 ▶ 平面圖形之一：面積與角度 〈2年級〉

3 多角形的內角與外角

非常重要！ 請掌握下列2項性質！
n角形的內角和 $= 180° \times (n-2)$
多角形的外角和為 $360°$

1 多角形的內角

多角形是指像三角形、四角形、五角形等，由直線所圍成的圖形。
一起來看看多角形的內角。
內角是指在多角形中兩直線內側的角。
三角形的內角和為$180°$，所以四角形的內角和為$360°$。
藉由右方公式可求出多角形的內角和。

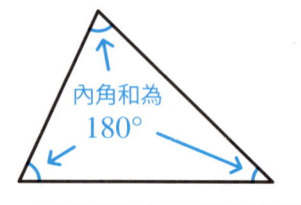

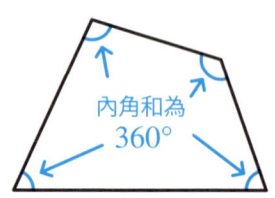

內角和為 $180°$　　內角和為 $360°$

n角形的內角和 $= 180° \times (n-2)$

例題 試求下圖中$\angle x$的角度。

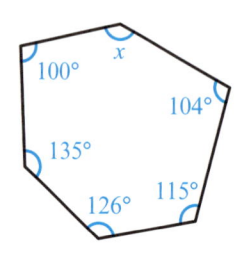

解答

此圖形為六角形。

藉由n角形的內角和 $= 180° \times (n-2)$的公式，
可求出六角形的內角和 $= 180° \times (6-2) = 720°$。
將$720°$減去$\angle x$以外的5個內角，就會得到
$\angle x = 720° - (100° + 135° + 126° + 115° + 104°)$
$= 720° - 580° = \underline{140°}$。

練習問題 1

試求正八角形中一個內角的角度度數。

解答

藉由n角形的內角和 $= 180° \times (n-2)$的公式，可求出八角形的內角和 $= 180° \times (8-2) = 1080°$。
正八角形的所有內角都相等，因此若將$1080°$除以8，即可求出一個內角的角度。
$1080° \div 8 = \underline{135°}$

2 多角形的外角

由多角形的一邊和鄰邊的延長線所形成的角度，稱為外角。
如右圖所示，多角形中每一個頂點都會有兩個外角。
並且因為兩個外角互為對頂角，所以相等。

多角形具有任何多角形的外角和皆為360°的性質。

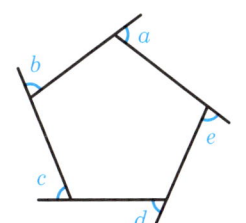

$\angle a + \angle b + \angle c + \angle d + \angle e$ 外角的和
$= 360°$

完美解題的關鍵

正確理解「多角形的外角和為360°」的意思！
多角形中，每一個頂點都會有2個外角。
但是，所謂的「多角形的外角和為360°」是指
基於每一個頂點只有1個外角，且其和為360°
的意思。
也就是說，圖1 中外角∠A～∠E的和為
360°。但是在 圖2 中，每一個頂點都有2個外
角，也就是∠F～∠O的和為360°×2＝720°。
因此請注意「多角形的外角和為360°」的意
思。

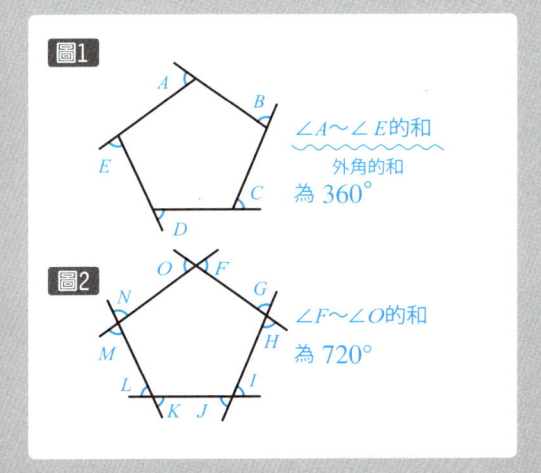

圖1　∠A～∠E的和 外角的和 為360°

圖2　∠F～∠O的和 為720°

練習問題 2

試求下圖中∠A的角度。

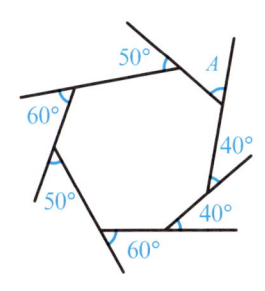

解答

多角形的外角和為360°。因此若將360°減去∠A以外的其他
外角和，就能求出∠A的角度。
$\angle A = 360° - (50° + 60° + 50° + 60° + 40° + 40°)$
$ = 360° - 300° = 60°$

103

PART 13 ▶ 平面圖形之二：證明題與圖形性質 〈3年級〉

1 三角形的全等條件

> 非常重要！
> 掌握三角形的3個全等條件！

1 什麼是全等

當**兩個圖形經過移動後可以完全疊合**的時候，我們稱這兩個圖形為全等圖形。簡單地說，**形狀、大小相同**，可以完全疊合的圖形稱為全等圖形。

將三角形ABC以△ABC來表示。另外，當△ABC與△DEF全等時，則使用記號≅，並以△ABC≅△DEF來表示。

全等圖形中，疊合在一起的頂點稱為對應頂點，疊合在一起的邊稱為對應邊，疊合在一起的角稱為對應角。

同時，全等圖形具有對應邊邊長相等，且對應角角度也相等的性質。

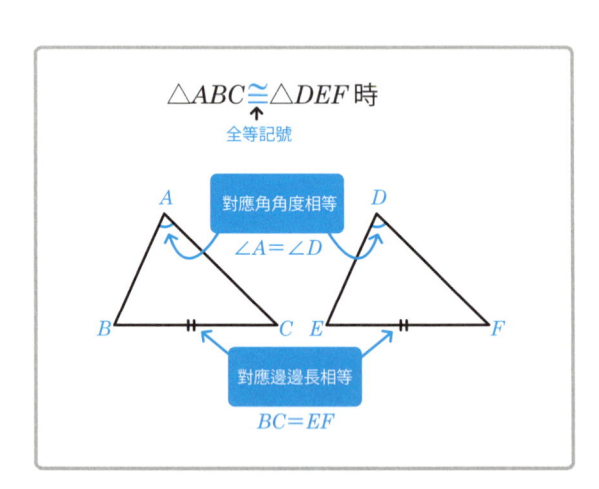

△ABC≅△DEF 時
　　↑
　全等記號

對應角角度相等
∠A = ∠D

對應邊邊長相等
BC = EF

2 三角形的全等條件

下列3項條件中有1項成立時，就可稱兩個三角形為全等三角形。

三角形的全等條件

①當兩個三角形的3邊分別對應相等。（SSS全等）

②當兩個三角形的2邊及其夾角分別對應相等。（SAS全等）
夾角

③當兩個三角形的2角及其夾邊分別對應相等。（ASA全等）
2角

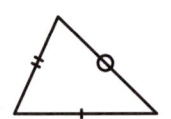

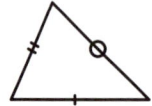

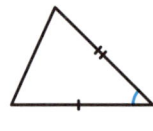

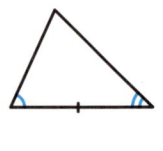

例題

請從下圖找出所有全等的三角形，並使用≅記號作答，再說明是根據何種全等條件。

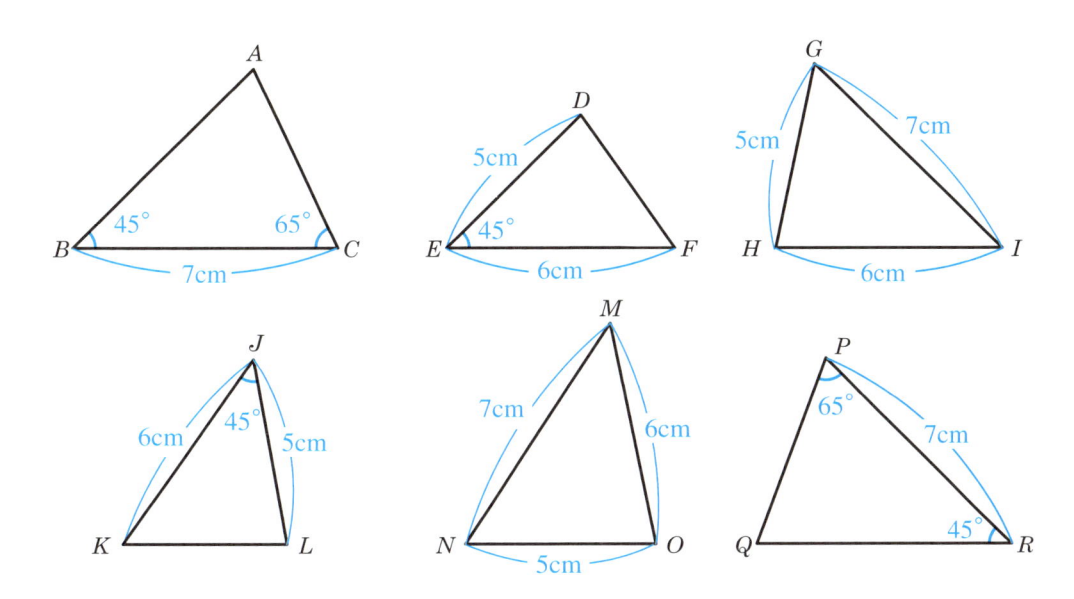

解答

△ABC與△QRP中，

$\overline{BC}=\overline{RP}$、∠B=∠R、∠C=∠P，當兩個三角形的2角及其夾邊分別對應相等，則可判定兩個三角形全等。所以△ABC≅△QRP。（ASA全等）

△DEF與△LJK中，

$\overline{DE}=\overline{LJ}$、$\overline{EF}=\overline{JK}$、∠E=∠J，當兩個三角形的2邊及其夾角分別對應相等，則可判定兩個三角形全等。所以△DEF≅△LJK。（SAS全等）

△GHI與△NOM中，

$\overline{GH}=\overline{NO}$、$\overline{HI}=\overline{OM}$、$\overline{IG}=\overline{MN}$，當兩個三角形的3邊分別對應相等，則可判定兩個三角形全等。所以△GHI≅△NOM。（SSS全等）

完美解題的關鍵

依照對應的順序來寫！

舉例來說，例題的△ABC與△QRP中，∠A與∠Q、∠B與∠R、∠C與∠P分別對應（完全疊合）。所以，必須要依照對應的順序△ABC≅△QRP來寫。

如果沒有依照對應的順序，而將它寫成像△ABC≅△RPQ，如此一來，在考試中就有可能會被扣分，或是無法得分。

在表示邊與角時，也請依照對應的順序來寫。

PART 13 平面圖形之二

PART 13 ▶ 平面圖形之二：證明題與圖形性質 〈2年級〉

2 證明三角形的全等

非常重要！ 掌握證明的步驟！

1 什麼是假設、結論、證明

若藉由「○○○的話□□□」的形式來表示，○○○的部分稱為假設、□□□的部分則稱為結論。換句話說，假設就是**問題中所有已知的條件**，結論就是**透過所有已知的條件，來得到想要知道的結果**，並且可以藉由假設得到結論。接下來，再**根據假設，有系統地分析出結論**，這個過程就稱為證明。

2 三角形的全等證明題

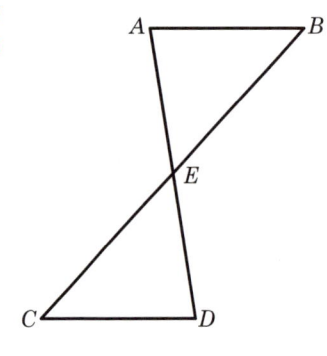

例題

根據左圖，若 $\overline{AB} \parallel \overline{CD}$、$\overline{EB} = \overline{EC}$，請回答下列問題：

(1) 試證明 $\triangle AEB \cong \triangle DEC$。
(2) 試證明 $\overline{EA} = \overline{ED}$。

解答

(1) $\triangle AEB$ 與 $\triangle DEC$ 中　　　←首先，先寫出所要證明的全等三角形

根據假設 $\overline{EB} = \overline{EC}$ ……①　　←寫出假設（問題中所有已知的條件）

因為對頂角相等，所以 $\angle AEB = \angle DEC$ ……②　　←有關角的表示方法，請參考下一頁 ◆完美解題的關鍵

$\overline{AB} \parallel \overline{CD}$，平行線的內錯角相等，所以
$\angle EBA = \angle ECD$ ……③

由①、②、③判定兩個三角形的2角及其夾邊分別對應相等，因此兩個三角形全等，所以　　　←寫出三角形的全等條件
$\triangle AEB \cong \triangle DEC$
　　←寫出結論，完成證明

（2）從例題（1）得知△AEB≅△DEC。

因為全等圖形的對應邊邊長相等，所以$\overline{EA}=\overline{ED}$。

※「全等圖形的對應邊邊長相等」是在第104頁中學過的性質。

例題 的總整理

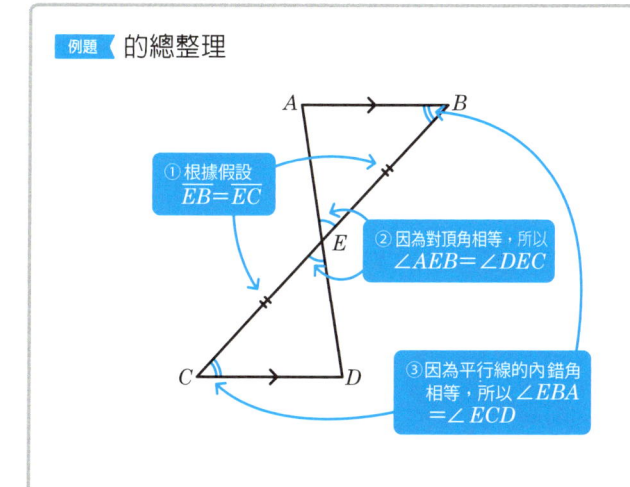

① 根據假設 $\overline{EB}=\overline{EC}$
② 因為對頂角相等，所以 ∠AEB=∠DEC
③ 因為平行線的內錯角相等，所以 ∠EBA=∠ECD

將例題（1）中的①～③以左圖表示。

① 根據假設 $\overline{EB}=\overline{EC}$
② 因為對頂角相等，所以
　∠AEB＝∠DEC
③ 因為平行線的內錯角相等，所以
　∠EBA＝∠ECD

理解了 例題 的解題方式後，請遮住答案，自己試著重新再寫一次。

完美解題的關鍵

請注意角的表示方法！

之前已經說明過，我們會用∠O來表示 圖1 中的※角。

並且，有時也會用3個大寫字母及符號「∠」來表示※角，像是∠AOB或是∠BOA。

接下來請看 圖2 。

在 圖2 中，我們沒辦法確定∠O所表示的是甲角，還是乙角，又或者是用來表示甲角與乙角所構成的角。所以，如果遇到像 圖2 這種情況，就要用3個大寫字母來表示。

例如，請用∠AOC來表示甲角、∠COB來表示乙角。

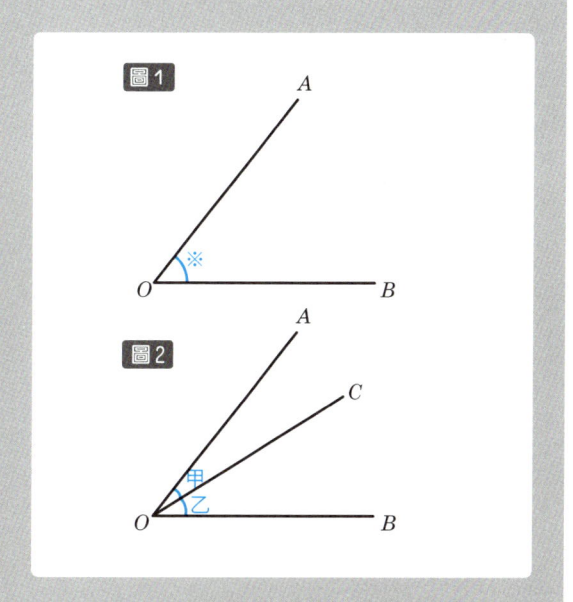

PART 13 平面圖形之二

PART 13 ▶平面圖形之二：證明題與圖形性質 〈2年級〉

3 平行四邊形的性質與證明題

非常重要！ 請掌握平行四邊形的3項性質！

四角形中相對的邊，稱為對邊。

另外，四角形中相對的角，稱為對角。

2組對邊互相平行的四角形，稱為平行四邊形。

平行四邊形

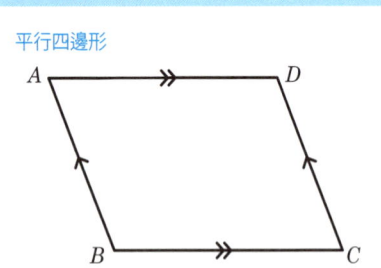

平行四邊形中，具有下列3項性質。

平行四邊形的3項性質

① 2組對邊相等

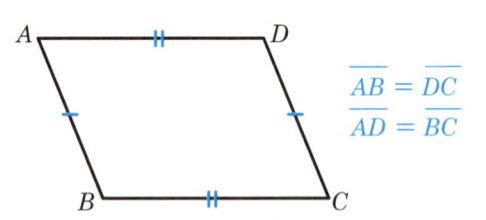

$\overline{AB} = \overline{DC}$
$\overline{AD} = \overline{BC}$

② 2組對角相等

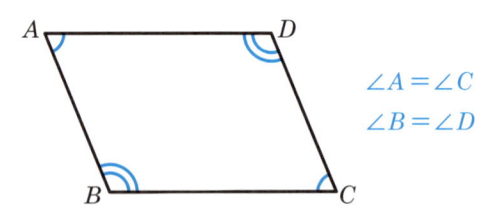

$\angle A = \angle C$
$\angle B = \angle D$

③ 對角線互相平分

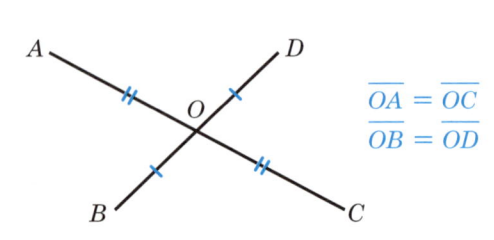

$\overline{OA} = \overline{OC}$
$\overline{OB} = \overline{OD}$

完美解題的關鍵

什麼是定義？什麼是定理？

在學習國中數學時，會看到定義和定理這樣的用詞。因為這兩個用詞很容易令人混淆，所以本書幫大家整理了一下。

定義與定理的真正涵義

定義——指**能夠清楚說明語詞涵義的事物**。
定理——指**以定義為基礎所證明出來的事物**。
但是，上述的說明相當難懂，因此只要能掌握下列內容即可。

定義——**字典所記載的涵義**
定理——**性質**

例如，如果在字典中查詢「平行四邊形」一詞，字典中會記載「2組對邊互相平行的四角形」這樣的涵義，這就是平行四邊形的定義。
而在前頁中所介紹平行四邊形的3項性質，這就是平行四邊形的定理。

只要能掌握上述內容，就比較容易理解定義與定理的用詞。

例題

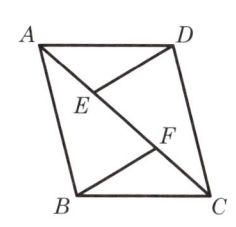

如左圖，在平行四邊形$ABCD$的對角線$\overline{AC}$上取2點E、F，且$\overline{AE}=\overline{CF}$，試證明$\overline{DE}=\overline{BF}$。

解答

△AED與△CFB中　←首先，先寫出所要證明的全等三角形

根據假設　$\overline{AE}=\overline{CF}$　……①　寫出假設（問題中所有已知的條件）

因為平行四邊形的對邊相等，所以　$\overline{AD}=\overline{CB}$　……②　平行四邊形的定理（性質）

因為平行四邊形的對邊相互平行，所以　$\overline{AD}\parallel\overline{CB}$　平行四邊形的定義（涵義）

因為平行線的內錯角相等，所以

$\angle DAE=\angle BCF$　……③

根據①、②、③判定兩個三角形的2邊及其夾角分別對應相等，

因此兩個三角形全等，所以△$AED\cong\triangle CFB$　寫出三角形的全等條件

因為全等圖形的對應邊邊長相等，所以：

$\overline{DE}=\overline{BF}$　←寫出結論，完成證明

例題的總整理

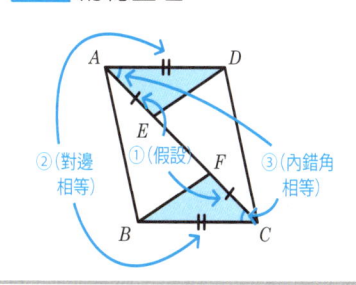

將 例題 中的①～③以左圖表示。

②（對邊相等）　①（假設）　③（內錯角相等）

理解了例題的解題方式後，請遮住答案，自己試著重新再寫一次。

PART 13　平面圖形之二

PART 13 ▶ 平面圖形之二：證明題與圖形性質 〈3年級〉

4 什麼是相似

> **非常重要！**
> 相似圖形 ┤
> ・所有對應邊的邊長成比例
> ・對應角的角度相等

將一個圖形按比例放大（或縮小）後，可得出與原圖形相似的新圖形，則這兩個圖形稱為相似圖形。簡而言之，**形狀相似但大小不同的圖形就是相似圖形**。

將 圖1 中△ABC的所有邊長放大2倍後，可得到△DEF。

圖1 中△ABC與△DEF相似。並且可以用「～」記號來表示△ABC與△DEF相似，寫作△ABC～△DEF。

圖1

兩個相似的圖形的其中一個圖形放大（縮小）後，與另一個圖形重疊的點、邊、角分別稱為對應點、對應邊、對應角（請參考 圖2 ）。

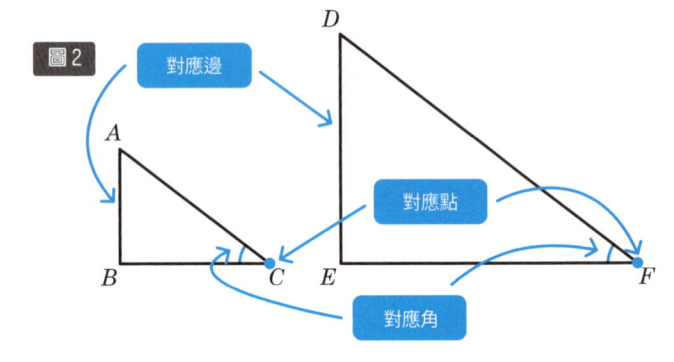

圖2

相似圖形中對應邊長的比例稱為相似比。

以 圖1 為例，$\overline{AB}$所對應的是$\overline{DE}$。

△ABC與△DEF中對應邊長的比例（相似比），無論哪一邊都是1：2，如下列所示。

$\overline{AB}$：$\overline{DE}$＝3公分：6公分＝1：2

$\overline{BC}$：$\overline{EF}$＝4公分：8公分＝1：2

$\overline{CA}$：$\overline{FD}$＝5公分：10公分＝1：2

由此可知，相似圖形具有所有對應邊的邊長都成比例的性質。

另外相似圖形也具有對應角的角度相等的性質。

完美解題的關鍵

比例式的內項乘積等於外項乘積！

像 $A:B=C:D$ 這樣表示比值相等的式子就稱為比例式。

位於比例式內側的 B 與 C 稱為內項，外側的 A 與 C 稱為外項。

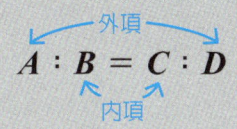

$$A:B=C:D$$

（外項）
（內項）

比例式中具有內項乘積等於外項乘積的性質。舉例來說，只要藉由 $4:3=8:6$ 的比例式來確認，就能得知比例式中內項的乘積等於外項的乘積。

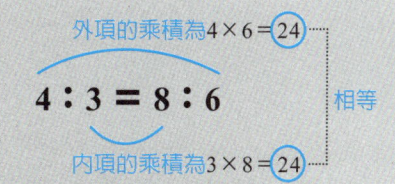

外項的乘積為 $4 \times 6 = 24$

$$4:3=8:6$$

內項的乘積為 $3 \times 8 = 24$

相等

因此，下列公式成立。

$$A:B=C:D$$

可知

$$BC = AD$$

↑內項的乘積　↑外項的乘積

遇到與像下方 練習問題 一樣，試求相似圖形邊長的問題時，有時就可以運用比例式的性質來解題。

練習問題

在右圖中，△ABC～△DEF 時，試回答下列問題。

(1) 試求△ABC 與△DEF 的相似比。
(2) 試求 $\overline{DE}$ 的邊長。
(3) 試求∠A 的角度。

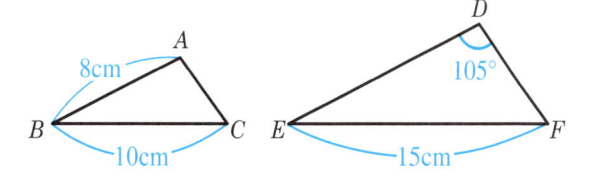

解答

(1) 相似比是指對應邊長的比。
因為 $\overline{BC}$（10公分）所對應的是 $\overline{EF}$（15公分），
所以相似比為 $10:15=2:3$

(2) 因為相似圖形中所有對應邊長成比例，所以

$$8:\overline{DE}=2:3$$
（$\overline{AB}$）（相似比）

因為內項乘積等於外項乘積，所以

$$\underbrace{\overline{DE} \times 2}_{\text{內項乘積}} = \underbrace{8 \times 3}_{\text{外項乘積}}$$

$\overline{DE} = 24 \div 2 = 12$ 公分

(3) 相似圖形中對應角的角度相等。
因為∠A 所對應的是∠D（$=105°$），所以
∠A 的角度為 $105°$

PART 13　平面圖形之二

PART 13 ▶平面圖形之二：證明題與圖形性質　〈3年級〉

5 三角形的相似條件

非常重要！ 請掌握三角形的3個相似條件！

兩個三角形只要符合下列3個相似條件的任一種，即可判定**兩個三角形為相似**。

三角形的相似條件

① 3邊對應成比例，則兩個三角形相似。→ $a:d=b:e=c:f$

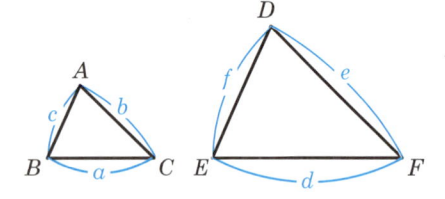

② 2邊對應成比例，及其夾角相等，則兩個三角形相似。
→ $a:d=c:f$ 與 $\angle B = \angle E$

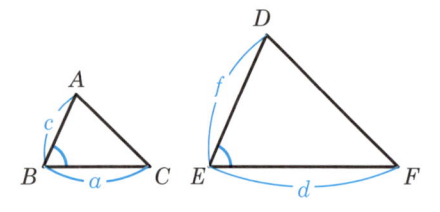

③ 2角對應相等，則兩個三角形相似。→ $\angle B = \angle E$ 與 $\angle C = \angle F$

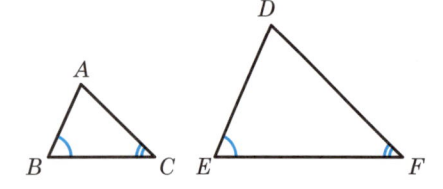

完美解題的關鍵

請掌握三角形全等條件與相似條件的差異！
三角形的全等條件與相似條件具有相似的部分。在此，掌握其中的差異性也是學習的重點。特別是，第3個條件的差異相當大，因此更要區分出其中的差別。

三角形的全等條件
① 3邊分別對應相等。
② 2邊及其夾角分別對應相等。
③ 2角及其夾邊分別對應相等。

三角形的相似條件
① 3邊對應成比例。
② 2邊對應成比例，及其夾角相等。
③ 2角對應相等。

> **例題**

請從下圖找出所有相似的三角形，並說明是根據何種相似條件。

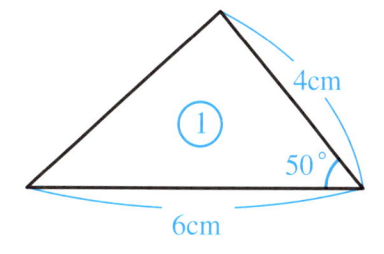

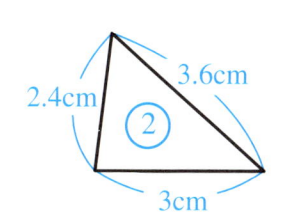

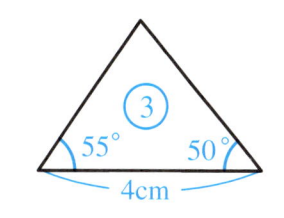

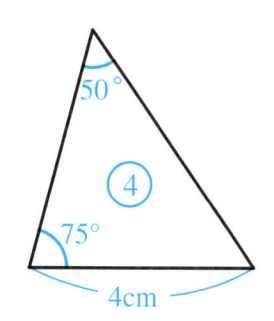

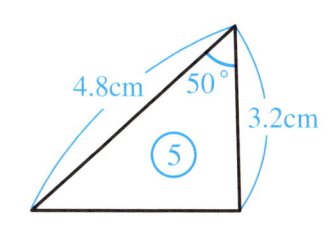

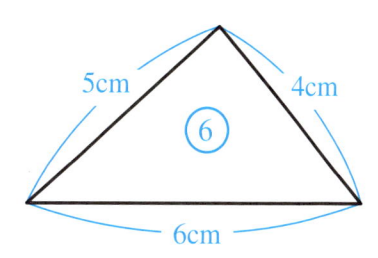

①　4cm，50°，6cm
②　2.4cm，3.6cm，3cm
③　55°，50°，4cm
④　50°，75°，4cm
⑤　4.8cm，50°，3.2cm
⑥　5cm，4cm，6cm

> **解答**

三角形①與⑤的2邊對應比例為
$4:3.2=6:4.8\,(=5:4)$，
且其夾角皆為50°。
三角形①與⑤的<u>2邊對應成比例，及其夾角相等</u>，因此判定兩個三角形為相似。

三角形②與⑥的3邊對應比例為
$2.4:4=3:5=3.6:6$。
三角形②與⑥的<u>3邊對應成比例</u>，因此判定兩個三角形為相似。

三角形③與④的3個內角皆為55°、50°、75°（因為三角形的內角和為180°，所以用180°減去其中2角的和，就能求出剩下那個角的角度）。
三角形③與④的<u>2角對應相等</u>，因此判定兩個三角形為相似。

答案：三角形①與⑤相似（2邊對應成比例，及其夾角相等）。
　　　三角形②與⑥相似（3邊對應成比例）。
　　　三角形③與④相似（2角對應相等）。

PART 13 ▶平面圖形之二：證明題與圖形性質 〈3年級〉

6 畢氏定理

非常重要！

請掌握畢氏定理：$a^2 + b^2 = c^2$

1 什麼是畢氏定理

有一個角是直角（90°）的三角形，稱為直角三角形。

直角三角形中，直角所對應的邊，稱為斜邊。而**直角的兩邊**，稱為股邊。

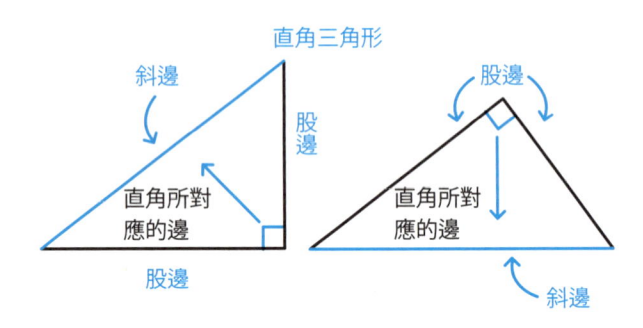

畢氏定理

如果設直角三角形的2條股邊長分別為a和b，斜邊長為c，則下列關係成立，並且將它稱為畢氏定理。

$$a^2 + b^2 = c^2$$

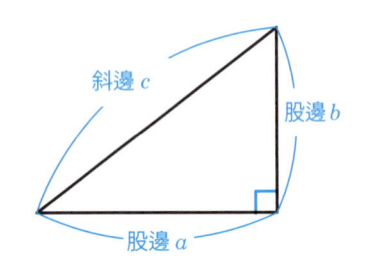

練習問題 1

根據下圖，分別求出各題中 x 的值。

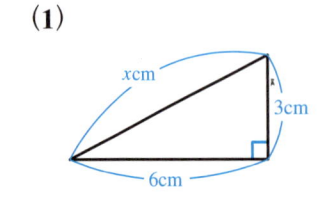

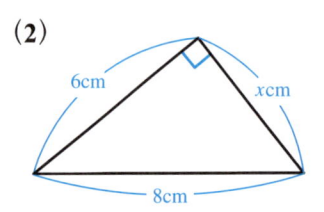

(1) $x$cm, 3cm, 6cm

(2) 6cm, $x$cm, 8cm

> **解答**
>
> （1）x 公分的邊為斜邊。
>
> 根據畢氏定理可知，$3^2+6^2=x^2$
>
> $x^2=9+36=45$
>
> 因為 $x>0$，所以
>
> $x=\sqrt{45}=3\sqrt{5}$
>
> ← $x=\pm\sqrt{45}$，但 x 為邊長，所以只能是正數
>
> （2）8公分的邊為斜邊。
>
> 根據畢氏定理可知，$6^2+x^2=8^2$
>
> $x^2=64-36=28$
>
> 因為 $x>0$，所以
>
> $x=\sqrt{28}=2\sqrt{7}$
>
> ← $x=\pm\sqrt{28}$，但 x 為邊長，所以只能是正數

2 畢氏定理與特殊直角三角形

特殊直角三角形包含各角角度為30°、60°和90°的直角三角形，以及45°、45°和90°的等腰直角三角形2種。

這2種特殊直角三角形的各邊的比例，如右圖所示。

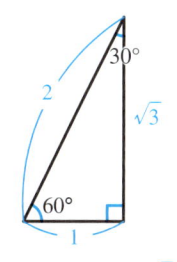

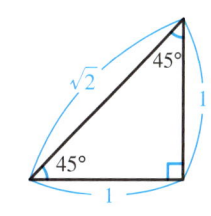

3邊的比例為 $1:2:\sqrt{3}$　　3邊的比例為 $1:1:\sqrt{2}$

完美解題的關鍵

請熟記2種特殊直角三角形的3邊比例！
2種特殊三角形的3邊比例分別為「$1:2:\sqrt{3}$」與「$1:1:\sqrt{2}$」在國中數學中是需要熟記的規則。

這是因為，會出現像 練習問題2 一樣，必須熟記各邊比例才能夠作答的問題。

練習問題 2

根據右圖，分別求出各題中 x 的值。

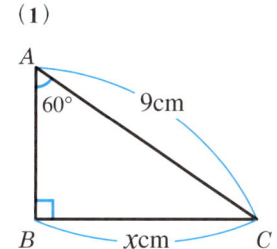

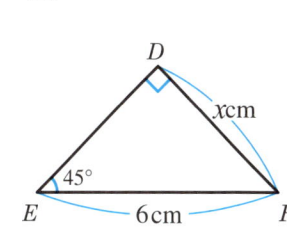

> **解答**
>
> （1）因為是各角角度為30°、60°和90°的直角三角形，
> 所以3邊的比例為 $1:2:\sqrt{3}$
> $\overline{AC}:\overline{BC}=9:x=2:\sqrt{3}$
> 因為比例式的內項乘積等於外項乘積，所以
> $2x=9\sqrt{3}$
> $x=\dfrac{9\sqrt{3}}{2}$
>
> （2）因為是各角角度為45°、45°和90°的直角三角形，
> 所以3邊的比例為 $1:1:\sqrt{2}$
> $\overline{DF}:\overline{EF}=x:6=1:\sqrt{2}$
> 因為比例式的內項乘積等於外項乘積，所以
> $\sqrt{2}\times x=6$
> $x=\dfrac{6}{\sqrt{2}}=\dfrac{6\sqrt{2}}{2}=3\sqrt{2}$

PART 13 平面圖形之二

PART 13 ▶平面圖形之二：證明題與圖形性質　〈3年級〉

7 圓周角定理

> 非常重要！
> 一個弧所對應的圓周角角度
> - 皆不變（相同）。
> - 等於其所對應之圓心角的一半。

圓周的一部分稱為弧。右圖中，圓周上的一部分，也就是藍色的部分稱為弧 AB，並以 $\overset{\frown}{AB}$ 來表示。另外，**連結圓周上任意2點的線段稱為弦**。

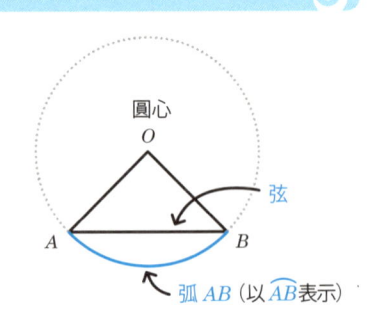

如右圖所示，在圓周上取3點 A、B、P 時，$\overset{\frown}{AB}$ 所對應的 $\angle APB$ 稱為**圓周角**。

另外能連結圓心 O 以及點 A、點 B 的 $\angle AOB$ 稱為**圓心角**。

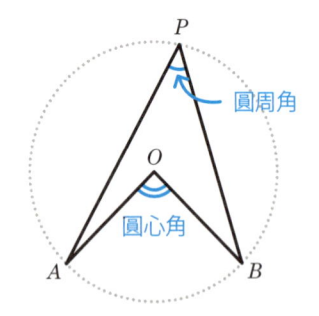

圓周角中具有下列2個定理。

圓周角定理

①一個弧所對應的圓周角角度皆不變（相同）。

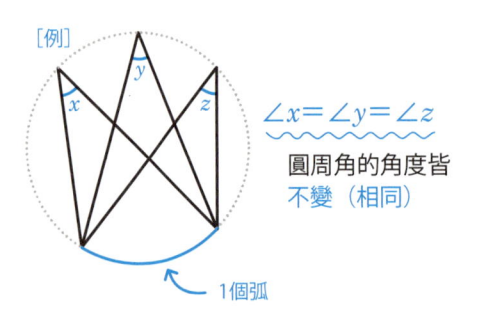

[例] $\angle x = \angle y = \angle z$
圓周角的角度皆不變（相同）
1個弧

②一個弧所對應的圓周角角度，等於其所對應之圓心角的一半。

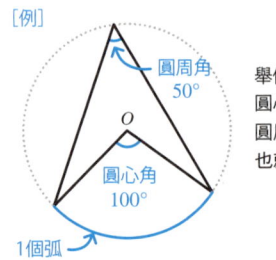

[例] 圓周角 50°　圓心角 100°
1個弧

舉例來說
圓心角為100°時，
圓周角則為它的一半，
也就是50°

練習問題

以點 O 為圓心，試求下圖中∠甲～∠丁的角度。

(1) (2) 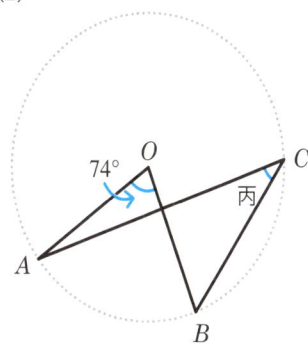 (3)

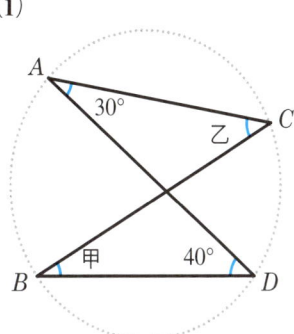

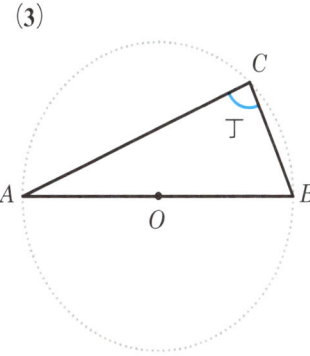

解答

(1) ∠甲與∠CAD（＝30°）皆為 $\overparen{CD}$ 所對應的圓周角。
因為1個弧所對應的圓周角角度皆不變（相同），所以
∠甲＝∠CAD＝30°

∠乙與∠ADB（＝40°）皆為 $\overparen{AB}$ 所對應的圓周角。
因為1個弧所對應的圓周角角度皆不變（相同），所以
∠乙＝∠ADB＝40°

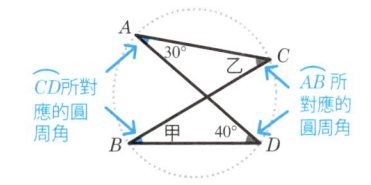

(2) ∠丙為 $\overparen{AB}$ 所對應的圓周角，∠AOB（＝74°）為 $\overparen{AB}$ 所對應的圓心角。
因為1個弧所對應的圓周角角度，等於其所對應之圓心角的一半，所以
∠丙＝∠AOB÷2＝74°÷2＝37°

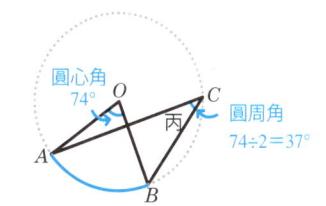

(3) ∠AOB為 $\overparen{AB}$ 所對應的圓心角，∠AOB為兩邊成一直線的角，因此其度數為180°。
另外，∠丁為 $\overparen{AB}$ 所對應的圓周角。
因為1個弧所對應的圓周角角度，等於其所對應之圓心角的一半，所以
∠丁＝∠AOB÷2＝180°÷2＝90°

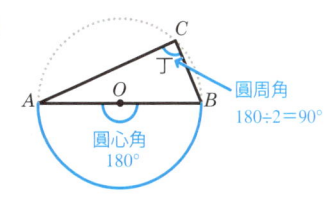

完美解題的關鍵

半圓弧所對應的圓周角必為直角！

練習問題的第(3)題中，半圓弧 $\overparen{AB}$ 所對應的圓周角∠丁為90°（直角）。
如右圖所示，半圓弧所對應的圓周角必為直角，因此請務必掌握此性質。

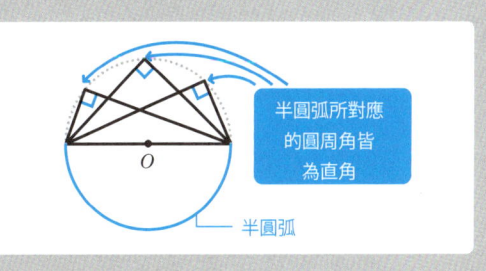

半圓弧所對應的圓周角皆為直角

PART 13 平面圖形之二

PART 14 ▶立體圖形 〈1年級〉

1 柱體的表面積

> **非常重要！** 掌握**角柱與圓柱的表面積**公式為**側面積＋底面積×2**！

國小時所學的數學中，已經學過有關角柱與圓柱的體積求法。
而在國中數學中，將學習有關角柱與圓柱的表面積求法。

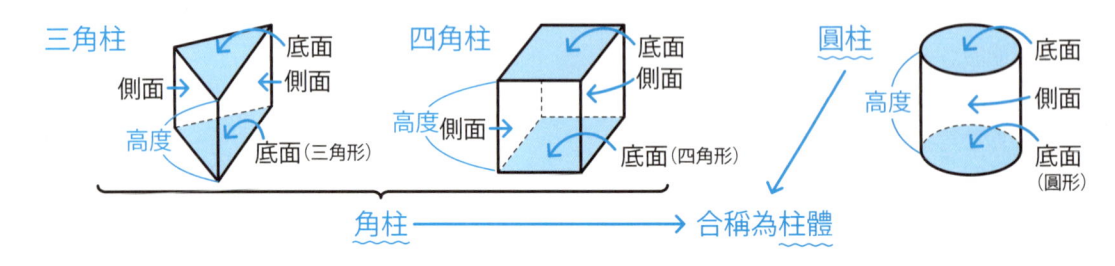

（三角柱　側面　高度　底面　側面　底面（三角形））
（四角柱　高度　側面　底面　側面　底面（四角形））
（圓柱　高度　底面　側面　底面（圓形））

角柱 ──→ 合稱為柱體

上圖中，像左1與左2一樣的立體圖形稱為**角柱**，而像最右邊一樣的立體圖形稱為**圓柱**。另外，我們將角柱與圓柱合稱為**柱體**。

底面──2個上下平行且全等的面。
底面積──1個底面的面積。
側面──角柱周圍的長方形（或是正方形）；圓柱周圍的曲面。
側面積──所有側面的面積和。
表面積──1個立體圖形所有面的面積總和。

柱體（角柱與圓柱）的表面積，都能用右方公式來求得。

> 柱體的表面積＝側面積＋底面積×2

另外，**立體圖形的表面積**與其**展開圖**（將立體圖形以剪刀等切開後，所展開的平面圖）的**面積相同**。

例題 試求出下列立體圖形的表面積。

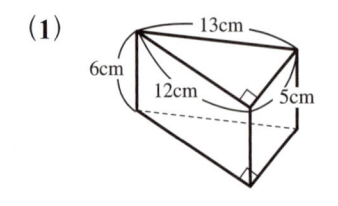

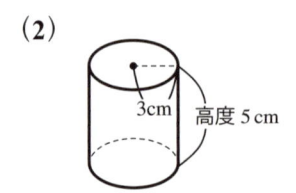

(1) 13cm, 6cm, 12cm, 5cm（三角柱）

(2) 3cm, 高度 5cm（圓柱）

> 解答

(1) 此立體圖形為三角柱。此三角柱的展開圖，如圖1所示。

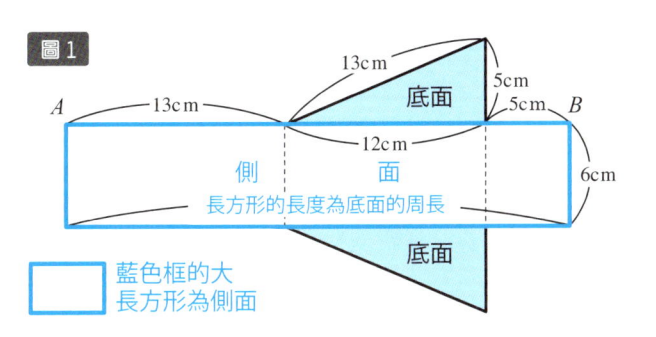

圖1

```
        13cm  ╱│╲ 5cm
  A ───13cm── │  B
  ┌───────────┼──┐
  │     12cm  │  │
  │  側    面 │  │ 6cm
  │長方形的長度為底面的周長
  └───────────┼──┘
              │
             底面
```

藍色框的大長方形為側面

只要求出展開圖的面積，就能求出表面積。

首先，先求出側面積（側面的長方形的面積）。

側面長方形的長度（圖中的$\overline{AB}$），等於底面周圍的長度（周長）。

因此，側面積為　　$6 \times (13+12+5) = 180\,(\text{cm}^2)$
　　　　　　　　　高度×　　底面周長

又，底面積為　　　$12 \times 5 \div 2 = 30\,(\text{cm}^2)$

因此，表面積為　　$180 + 30 \times 2 = 240\,(\text{cm}^2)$
　　　　　　　　　側面積＋底面積×2

答案：240 平方公分

(2) 此立體圖形為圓柱。此圓柱的展開圖如圖2所示。

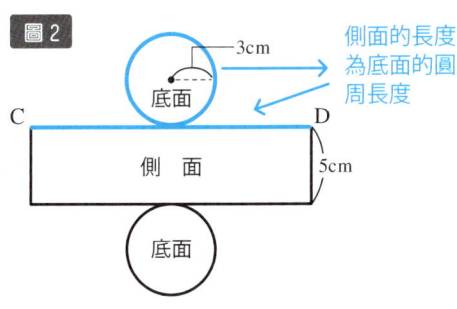

圖2

側面的長度為底面的圓周長度

```
      ╭─3cm─╮
      │ 底面 │
  C ─────────── D
  ┌─────────────┐
  │   側   面   │ 5cm
  └─────────────┘
      ╭─────╮
      │ 底面 │
      ╰─────╯
```

只要求出展開圖的面積，就能求表面積。

首先，先求出側面積（側面長方形的面積）。

將側面的長方形折疊卷起來，並與底面的圓貼合後，就能成為圓柱。

因此，可以得知側面長方形的長度（圖中的$\overline{CD}$），等於底面的圓周長度。

因此，側面積為　　$5 \times (3 \times 2 \times \pi) = 30\pi\,(\text{cm}^2)$
　　　　　　　　　高度×　底面的圓周長度

又，底面積為　　　$3 \times 3 \times \pi = 9\pi\,(\text{cm}^2)$

因此，表面積為　　$30\pi + 9\pi \times 2 = 48\pi\,(\text{cm}^2)$
　　　　　　　　　側面積＋底面積×2

答案：48π 平方公分

完美解題的關鍵

藉由「高度×底面周長」來求柱體的側面積！要求出例題(1)中三角柱的側面積，以及例題(2)中圓柱的側面積時，都是使用「柱體的側面積＝高度×底面周長」的公式。因為無論在求角柱或圓柱的側面積時都可以使用，所以最好把它記下來。

PART 14 ▶立體圖形 〈1年級〉

2 錐體及球體的體積與表面積 ①

> **非常重要！**
> 藉由 $\frac{1}{3}$×底面積×高度來求角錐及圓錐的體積！
> 藉由側面積＋底面積來求角錐及圓錐的表面積！

1 錐體的體積求法

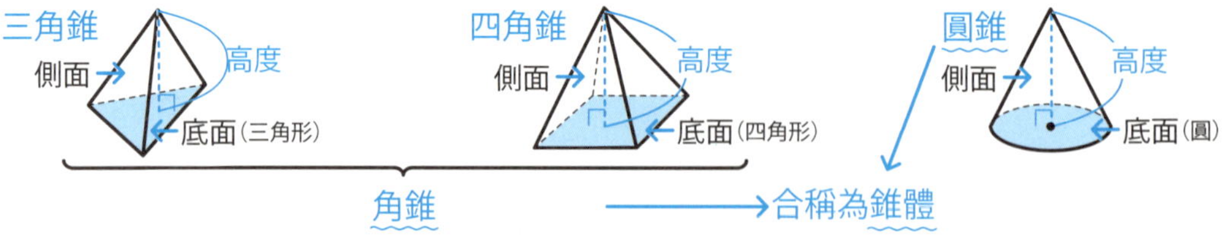

三角錐 — 側面、高度、底面(三角形)
四角錐 — 側面、高度、底面(四角形)
圓錐 — 側面、高度、底面(圓)

角錐 ──→ 合稱為錐體

上圖中，像左1與左2一樣的立體圖形稱為<u>角錐</u>，而像最右邊一樣的立體圖形稱為<u>圓錐</u>。另外，我們將角錐與圓錐合稱為<u>錐體</u>。錐體的特徵為具有尖端的部分。

可藉由右方公式來求錐體（角錐與圓錐）的體積。

$$錐體的體積 = \frac{1}{3} \times 底面積 \times 高度$$

完美解題的關鍵

請不要忘記乘上 $\frac{1}{3}$！

要求錐體的體積時，請注意不要犯下忘記乘上 $\frac{1}{3}$ 的錯誤。

請掌握求柱體的體積時不需要乘上 $\frac{1}{3}$，但求錐體的體積時要乘上 $\frac{1}{3}$。

$$柱體的體積 = 底面積 \times 高度 \qquad 錐體的體積 = \frac{1}{3} \times 底面積 \times 高度$$

練習問題 1

試求右方立體圖形的體積。

(1) 底面為邊長 5 公分的正方形　高度 6cm，5cm，5cm

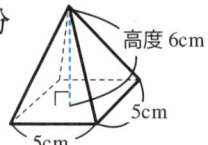

(2) 高度 3cm，2cm

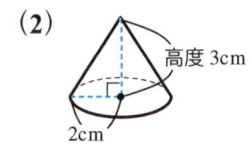

解答

(1) 因為角錐的體積＝ $\frac{1}{3}$ ×底面積×高度，所以

$$\frac{1}{3} \times \underbrace{5 \times 5}_{底面積} \times \underbrace{6}_{高度} = \underline{50 \text{cm}^3}$$

(2) 因為圓錐的體積＝ $\frac{1}{3}$ ×底面積×高度，所以

$$\frac{1}{3} \times \underbrace{2 \times 2 \times \pi}_{底面積} \times \underbrace{3}_{高度} = \underline{4\pi \text{ cm}^3}$$

2 錐體的表面積求法

可藉由下列公式來求錐體（角錐與圓錐）的表面積。

> 錐體的表面積＝側面積＋底面積

舉例說明錐體的表面積求法。
試求右方 圖1 中圓錐的表面積。

圖1
母線 5cm
半徑 2cm

圖2
母線 5cm
側面（扇形）
底面（圓）
半徑 2cm

圖1 的圓錐中，5公分的部分稱為**母線**。
此圓錐的展開圖，如 圖2 所示。

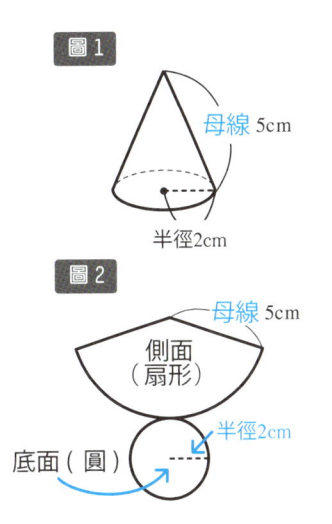

如 圖2 所示，圓錐的展開圖中，側面為扇形，底面為圓形。

首先，先求出此圓錐的**側面積**（側面的扇形面積）。利用下列公式可求出圓錐的側面積。

圓錐的側面積公式

口訣為「媽媽（慢）半拍」！

圓錐的側面積＝母線×半徑×π
口訣→「媽媽（慢）半　拍」

根據此公式，圖1 中，圓錐的**側面積**（側面的扇形面積）為

$$\underset{母線}{5} \times \underset{半徑}{2} \times \underset{\pi}{\pi} = 10\pi \ (cm^2)$$

圖1 中，圓錐的底面半徑為2公分，因此**底面積**（底面的圓面積）為

$$2 \times 2 \times \pi = 4\pi \ (cm^2)$$

所以 圖1 中，圓錐的**表面積**為

$$\underset{側面積}{10\pi} + \underset{底面積}{4\pi} = 14\pi \ cm^2$$

下一單元，將繼續練習如何求出錐體的表面積。

PART 14　立體圖形　〈1年級〉

3　錐體及球體的體積與表面積　[2]

> **非常重要！**
> 記住**球體體積**的公式！
> 記住**球體表面積**的公式！

3　練習求出錐體的表面積

一起練習求出錐體（角錐與圓錐）的表面積。

✋ 練習問題 2

試求右方立體圖形的表面積。

(1) 底面為邊長5公分的正方形，側面為4個全等三角形。

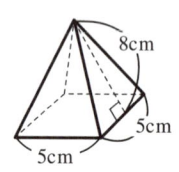

(2) （圓錐，母線10cm，底面半徑7cm）

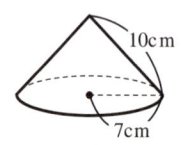

解答

(1) 此立體圖形為四角錐。

因為，此四角錐的側面為4個全等三角形（底邊5公分、高度8公分）。

又，此四角錐的底面為邊長5公分的正方形。

因此，此四角錐的表面積求法如下所示。

$$\underbrace{5 \times 8 \div 2 \times 4}_{\text{側面積}} + \underbrace{5 \times 5}_{\text{底面積}} = 80 + 25 = \underline{105 \text{cm}^2}$$

（三角形的面積）

(2) 此立體圖形為圓錐。

因為**圓錐的側面積＝母線×半徑×π**，

因此，此圓錐的面積為

$$\underbrace{10 \times 7 \times \pi}_{\text{母線×半徑×π}} = 70\pi \text{cm}^2$$

底面積為　$7 \times 7 \times \pi = 49\pi \text{cm}^2$

所以表面積為

$$\underbrace{70\pi}_{\text{側面積}} + \underbrace{49\pi}_{\text{底面積}} = \underline{119\pi \text{cm}^2}$$

4 球體體積與表面積的求法

像下方一樣的立體圖形稱為球體。

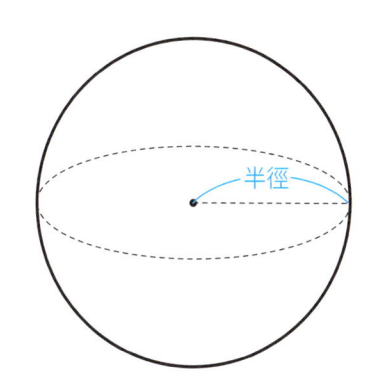

利用下列公式可求出球體的體積與表面積。

球體的體積與表面積公式

設半徑為 r 時

$$球體的體積 = \frac{4}{3}\pi r^3$$

$$球體的表面積 = 4\pi r^2$$

完美解題的關鍵

球體的體積與表面積的求法可用口訣來記！

藉由口訣「因為擔心前去拜訪」記住球體體積的公式！

藉由口訣「擔心的事情」記住球體表面積的公式！

※註：此處的口訣為日文發音的諧音。

$$球體的體積 = \frac{4}{3}\pi r^3 \qquad 球體的表面積 = 4\pi r^2$$

因為擔心前去拜訪（身の上に心配ある上）
　　　　　　　　　　 3　　 4　π　r　　乘3

擔心的事情（心配ある事情）
　　　　　　 4　π　r　乘2

練習問題 3

試求下列球體的體積與表面積。

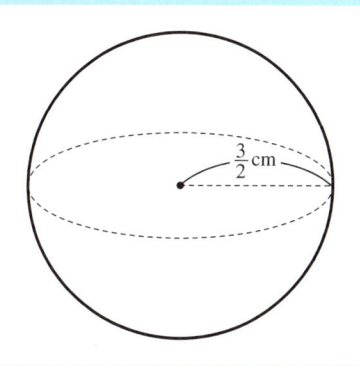

解答

此球體的半徑為 $\frac{3}{2}$ cm。

因為，設半徑為 r 時，球體的體積 $= \frac{4}{3}\pi r^3$，所以，此球體的體積為

$$\frac{4}{3} \times \pi \times \left(\frac{3}{2}\right)^3 = \frac{4}{3} \times \pi \times \frac{3}{2} \times \frac{3}{2} \times \frac{3}{2} = \frac{9}{2}\pi \text{ cm}^3$$

因為，設半徑為 r 時，球體的表面積 $= 4\pi r^2$，所以，此球體的表面積為

$$4 \times \pi \times \left(\frac{3}{2}\right)^2 = 4 \times \pi \times \frac{3}{2} \times \frac{3}{2} = 9\pi \text{ cm}^2$$

字義索引

あ行

移項　移項 …………… 38、39～43、53、82、83、85、88、89
把等號左式的某項移到右式，或是從右式移到左式，並且變號。

1次関数　一次函數 …………… 56、57～59、92、93
藉由「$y = ax + b$」表示 x 與 y 時，則稱「y 為 x 的一次函數」。

1次関数のグラフ　一次函數圖形 …………… 56、57～61

1次式　一次式 …………… 23
次數為一次的式子。

1次方程式　一次方程式 …………… 40、41、43
經由移項整理後以「（一次式）＝ 0」的形式改寫的方程式，就稱為一次方程式。

因数　因式 …………… 76
相乘為積的數個式子稱為因式。

因数分解　因式分解 …………… 76、77～81、84～86、88、89
把多項式分解成數個因式乘積的形式，其過程就稱為因式分解。

右辺　右式 …………… 36、38、39、76、78、82、83、85、88、89
等式中，等號右方的式子。

x 座標　x 坐標 …………… 44、45
在坐標平面上，設某一點的坐標為 (a, b) 時，其中 a 稱為 x 坐標。

x 軸　x 軸 …………… 44、45
在坐標平面上，通過原點 O，橫的數線稱為 x 軸。

円周角　圓周角 …………… 116、117
2 條弦的交點在圓周上，所形成的角。

円周角の定理　圓周角定理 …………… 116
① 一個弧所對應的圓周角角度皆不變（相同）。
② 一個弧所對應的圓周角角度，等於其所對應之圓心角的一半。

円錐　圓錐 …………… 120、121、122

円柱　圓柱 …………… 118、119

おうぎ形　扇形 …………… 98、99、121
弧和兩個半徑所圍成的圖形，稱為扇形。

か行

解　解 …………… 36、85、88、89
使方程式成立的未知數的值。

外角　外角 …………… 102、103
由多邊形的一邊和鄰邊的延長線所形成的角度。

外項　外項 …………… 111、115
比例式 $A : B = C : D$ 外側的 A 與 D。

解の公式　解的公式 …………… 86、87
求二次方程式 $ax^2 + bx + c = 0$ 的解所運用的公式

$$x = \frac{-b \pm \sqrt{b^2 - 4ac}}{2a}$$

角錐　角錐 …………… 120、122

角柱　角柱 …………… 118、119

確率　機率 …………… 94、95～97
以數值表示事件發生的可能性，可藉由下列公式表示。

$$機率 = \frac{事件發生的次數}{總次數}$$

加減法　加減消去法 …………… 50、51～53、55
聯立方程式的解法之一，也就是把兩個式子相加或相減來消去文字符號的解題方法。

傾き　斜率 …………… 56、58、93
一次函數 $y = ax + b$ 中的 a 稱為斜率。

仮定　假設 …………… 106、107、109
若藉由「○○○的話□□□」的形式來表示，○○○的部分稱為假設。

逆数　倒數 …………… 26、27
若兩數相乘等於 1 時，則稱兩數互為倒數。

球　球體 …………… 122、123

共通因数　公因式 …………… 76、77、85
兩個以上的項或式，含有相同的因式。

係数　係數 …………… 22、24、51、55、77
像是 $3a$ 的 3、$-5x$ 的 -5，各項文字符號前的數字部分。

結論　結論 …………… 106、109
若藉由「○○○的話□□□」的形式來表示，□□□的部分稱為結論。

弦　弦 …………… 116
連結圓周上相異兩點的線段。

原点　原點 …………… 44、45、91
坐標平面上 x 軸與 y 軸的交點。

弧　弧 …………… 98、99、116、117
圓周上的一部分。

項　項 ································ **22**、23〜25、38、76、77
多項式中，由「＋」號所連結的每個單項式。

合同　全等 ························ **104**、105〜107、109、112、122
當兩個圖形經過移動後可以完全疊合的時候，我們稱這兩個圖形全等。

根号（√）　根號 ························ **63**、64、65、72
表示平方根的記號（√讀作平方根）。

さ行

差　差 ································ **11**、75
減法的答案。

錯角　內錯角 ························ **100**、101、106、107、109
兩條平行線若被一條線段劃過，則內側兩個交錯的角為內錯角。

座標　坐標 ························ **44**、45、47、49、59、61、91
在坐標平面上，以 (a, b) 表示某一點的 x 坐標為 a、y 坐標為 b。

座標平面　坐標平面 ························ **44**、47、49、91
決定 x 軸與 y 軸後，再將點的位置以坐標來表示的平面。

左辺　左式 ························ **36**、38、39、53、76、78、82、84、85、88、89
等式中，等號左方的式子。

三角形の合同条件　三角形的全等條件 ········ **104**、105、106、109、112

三角形の相似条件　三角形的相似條件 ········ **112**、113

三角定規（の3辺の比）　特殊直角三角形（的3邊比）**115**

3次式　3次式 ························ **23**
次數為 3 次的算式。

三平方の定理　畢氏定理 ························ **114**、115
設直角三角形的兩條直角邊長分別為 a 和 b，斜邊長為 c 時，則 $a^2 + b^2 = c^2$ 的關係成立。

式の値　算式的值 ························ **30**、31
代入後運算所得的結果。

指数　指數 ························ **16**、20
以 5^3 為例，5 右上角的小寫數字 3 稱為指數，是用來表示連乘的次數。

次数　次數 ························ **22**、23、24
單項式中，相乘的文字符號個數；多項式中，所有項的次數裡最高的次數，稱為此多項式的次數。

自然数　自然數 ························ **8**、68、88、89
正整數又稱為自然數。

四則　四則運算 ························ **18**
加法、減法、乘法、除法合稱為四則運算。

斜辺　斜邊 ························ **114**、115
直角三角形中直角所對應的邊。

樹形図　樹狀圖 ························ **94**、95
一種樹枝形狀的圖形，用來列舉一連串事件可能發生的情況。

商　商 ························ **13**、20、21、69
除法的答案。

乗法公式　乘法公式 ························ **32**、**33**、34、36、76、78
展開算式時所運用的公式，稱為乘法公式。

証明　證明 ························ **106**、109
根據假設，有系統地分析出結論的過程就稱為證明。

錐体　錐體 ························ **120**、121、122
角錐與圓錐等立體圖形稱為錐體。

数直線　數線 ························ **8**、9、44
每一個點都對應到一個數的直線。

正の数　正數 ························ **8**、10、47、49、62、63、89、91、115
比 0 大的數稱為正數。

正の符号　正號 ························ **8**
＋（正）稱為正號。

正負の数　正負數 ························ **8**
正數與負數合稱正負數。

正負の数のかけ算　正負數的乘法 ························ **12**

正負の数のたし算　正負數的加法 ························ **10**

正負の数の引き算　正負數的減法 ························ **11**

正負の数の割り算　正負數的除法 ························ **13**

積　積 ························ **12**、16、20、27、33、68、69、76、78、79、97、111、115
乘法的答案。

絶対値　絕對值 ························ **9**、10〜13、62
數線上從 0 到某數的距離。

切片　截距 ························ **56**
一次函數 $y = ax + b$ 的 b，圖形和 y 軸的交點的 y 坐標。

素因数分解　質因數分解 ························ **68**、69〜71、75
把一個自然數分解成質數的乘積。

双曲線　雙曲線 ························ **49**
像反比坐標圖一樣的兩條圓滑曲線，稱為雙曲線。

125

相似　相似 ·· **110**、111～113
將一個圖形按比例放大（或縮小）後，可得與原圖形相似的新圖形。

相似比　相似比 ·· **110**、111
相似圖形中對應邊長的比例。

側面　側面 ·· **118**、119～122
柱體與錐體中，除了底面以外的面。

側面積　側面積 ·· **118**、119～122
所有側面的面積和。

素数　質數 ·· **68**、69
除了 1 和自己本身就沒有其他因數的數。

た行

対角　對角 ·· **108**
四角形中相對的角。

対頂角　對頂角 ·· **100**、101、103、106、107
兩條直線相交時，互相對著的角稱為對頂角。

代入　代入 ················· **30**、31、36、46、48、50～61、86、87、90～93
用數字取代算式中的文字符號，稱為代入。

代入法　代入消去法 ·· 50、**52**、53、60
將其中一式代入另一式來消去文字符號的解題方法。

対辺　對邊 ·· **108**、109
四角形中相對的邊。

多角形　多角形 ·· **102**、103
像三角形、四角形、五角形等，由直線所圍成的圖形。

多角形の外角の和　多角形的外角和 ·························· 102、**103**
多角形の内角の和　多角形的內角和 ·························· **102**

多項式　多項式 ············ **22**、23～25、28、29、31、32、39、76
像 $3a + 4b + 8$ 一樣，由單項式的和組成的式子。

単項式　單項式 ·· **22**、23、26、27、31、32
像 x^2 一樣，由數字與文字符號相乘而得的式。

中心角　圓心角 ·· **98**、99、**116**、117
扇形中以兩半徑為邊所夾的角，稱為圓心角。

柱体　柱體 ·· **118**、119、120
角柱與圓柱合稱為柱體。

直角三角形　直角三角形 ···································· **114**、115
有一個角是直角（90°）的三角形。

定義　定義 ·· **109**
清楚描述一個詞的意義。

底面　底面 ·· **118**、119、122
兩個上下平行且全等的面。

底面積　底面積 ·· **118**、119～122
一個底面的面積。

定理　定理 ·· **109**
以定義為基礎所證明出來的事物。

展開する　展開原式 ·· **32**、33～35、76、88、89
將單項式或多項式的乘法算式去掉括號後，以單項式的加法形式來表示，這個動作稱為展開原式。

展開図　展開圖 ·· **118**、119、121
將立體圖形以剪刀等切開後，所展開的平面圖。

同位角　同位角 ·· **100**、101
兩條平行線被一條線段劃過所形成的截角，若位於兩直線的同一側則稱為同位角。

等号　等號 ·· **36**、39
「＝」稱為等號。

等式　等式 ·· **36**、37、38、76
用等號表示兩個量或數為相等關係的式子，稱為等式。

同類項　同類項 ·· **24**、25、29、32、35
多項式中，文字符號與指數部分都相同的項。

な行

内角　內角 ·· **102**
多角形中兩直線內側的角。

内項　內項 ·· **111**、115
比例式 $A : B = C : D$ 內側的 B 與 C。

2次式　二次式 ·· **23**、82
次數為 2 的式子。

2次方程式　二次方程式 ···································· **82**、83～89
經由移項整理後以「（二次式）＝ 0」的形式改寫的方程式。

は行

反比例　反比 ·· **48**、49
藉由 $y = \dfrac{a}{x}$ 表示 x 與 y 時，則稱 x 與 y 成反比。

反比例のグラフ　反比圖形 ·································· **49**

126

表面積　表面積 ················ **118**、119～123
1個立體圖形所有面的面積總和。

比例　正比 ················ **46**、47、90
藉由 $y = ax$ 表示 x 與 y 時，則稱 x 與 y 成正比。

比例式　比例式 ················ **111**
像 $A : B = C : D$ 這樣表示比值相等的式子。

比例定数　比例常數 ················ **46**、47～49
$y = ax$（正比）、$y = \dfrac{a}{x}$（反比）、$y = ax^2$ 的 a 稱為比例常數。

比例のグラフ　比例圖形 ················ **47**、49

不等号　不等號 ················ **8**、9
表示數值大小的符號（> 與 <）。

負の数　負數 ········ **8**、10、12、14、15、17、47、49、62、91
比 0 小的數。

負の符号　負號 ················ **8**
−（負）稱為負號。

分母をはらう　擴分 ················ **39**、53、55
兩式同時乘以分母的最小公倍數，把分數化為整數的程序。

平行四辺形　平行四邊形 ················ **108**、109
2 組對邊互相平行的四角形，稱為平行四邊形。

平方　平方 ················ **16**
2 次方又可以稱為平方。

平方根　平方根 ················ **62**、63～66、73～75、82～86
當數 a 為某數的 2 次方時，我們就稱某數為 a 的平方根。

平方根のかけ算　平方根的乘法 ················ **66**
平方根のたし算　平方根的加法 ················ **74**
平方根の引き算　平方根的減法 ················ **74**
平方根の割り算　平方根的除法 ················ **66**、73

変化の割合　變化率 ················ **92**、93
變化率是用來表示相對於 x 的變化量，y 的變化量比，並且能夠以 $\dfrac{y\text{的變化量}}{x\text{的變化量}}$ 的形式來表示。

方程式　方程式 ················ **36**、37～43、50、54、55
根據代入文字符號中的值，來判斷是否成立的等式，稱為方程式。

方程式を解く　解方程式 ················ **36**、37、38、40～43、50、52
求出方程式的解，稱為解方程式。

放物線　拋物線 ················ **91**
像 $y = ax^2$ 一樣的圖形，是一條曲線。

母線　母線 ················ **121**、122

ま行

文字式　代數式 ················ **20**、21、31、74
使用文字符號的式子稱為代數式。

や行

有理化　有理化 ················ **72**、73、75
將分母變化為不含根號（$\sqrt{\ }$）的形式，稱為分母有理化。

ら行

立方　立方 ················ **16**
3 次方又可以稱為立方。

両辺　兩式 ········ **36**、37～43、50、51、53～55、70、82、83
等式的左式與右式。

累乗　乘方 ················ **16**、17～20
同一個數連乘若干次，所得到的積稱為此數的乘方。

ルート　平方根 ················ **63**
$\sqrt{\ }$，讀作根號。

連立方程式　聯立方程式 ················ **50**、51～55、59～61
由兩個以上的方程式所組成的式子，稱為聯立方程式。

わ行

和　和 ················ **10**、11、22、33、75、78、79、96、102、103
加法的答案。

$y = ax^2$　$y = ax^2$ ················ **90**、91、93
$y = ax^2$のグラフ　$y = ax^2$的圖形 ················ **90**、91

y 座標　y 坐標 ················ **44**、45
在坐標平面上，設某一點的坐標為 (a, b) 時，其中 b 稱為 y 坐標。

y 軸　y 軸 ················ **44**、56、58、59
在坐標平面上，通過原點 O，垂直的數線稱為 y 軸。

※ 以粗體字標示的頁數，收錄了該名詞的詳細解說。

國家圖書館出版品預行編目資料

國中三年的數學一本搞定／小杉拓也作；
張維芬譯. -- 三版. -- 臺北市：五南
圖書出版股份有限公司, 2025.06
面；　公分
ISBN 978-626-423-542-6(平裝)

1.CST: 數學教育　2.CST: 中等教育

524.32　　　　　　　　　　114007945

學習高手系列 142

ZD11

國中三年的數學一本搞定

中学校3年間の数学が1冊でしっかりわかる本

作　　者	─ 小杉拓也
譯　　者	─ 張維芬
審　　定	─ 張淞豪
編輯主編	─ 王正華
責任編輯	─ 金明芬、張維文
封面設計	─ 蝶億設計、姚孝慈
出 版 者	─ 五南圖書出版股份有限公司
發 行 人	─ 楊榮川
總 經 理	─ 楊士清
總 編 輯	─ 楊秀麗
地　　址	：106臺北市大安區和平東路二段339號4樓
電　　話	：(02)2705-5066　傳　真：(02)2706-6100
網　　址	：https://www.wunan.com.tw
電子郵件	：wunan@wunan.com.tw
劃撥帳號	：01068953
戶　　名	：五南圖書出版股份有限公司
法律顧問	林勝安律師
出版日期	2019年7月初版一刷（共三刷）
	2022年9月二版一刷（共三刷）
	2025年6月三版一刷
定　　價	新臺幣300元

CHUGAKKOU 3 NENKAN NO SUUGAKU GA 1 SATSU DE SHIKKARI
WAKARU HON TAKUYA KOSUGI 2016
Originally published in Japan in 2016 by KANKI
PUBLISHING INC.
Traditional Chinese translation rights arranged with
KANKI PUBLISHING INC. through TOHAN CORPORATION, and
Jia-XI Books Co., Ltd.

※版權所有·欲利用本書全部或部分內容，必須徵求本公司同意※